W0206867

MARIE ET LE VIN

Comme Marie découvre la vie à travers le vin, cette idée neuve et originale de marier l'écriture à la musique révèle des correspondances enivrantes à travers les images suscitées, autant par le récit de Claire Huynen que par les harmonies délicates de la musique de Gréco Casadesus.

Cette union inédite ouvre un espace idéal où la poésie se déploie tel un parfum qui s'insinue et envahit sans qu'on puisse dire où commence l'enchantement : il est dans le lien mystérieux créé de l'une à l'autre de ces deux formes d'expression tissées amoureusement.

Telle Marie débusquant les nœuds subtils de Bach et du Juliénas, il faut se laisser emporter par ce mouvement duel de la langue légère, presque volatile, de Claire Huynen, et de la musique fluide de Gréco Casadesus : ensemble ils inventent une mémoire, promesse d'avenir.

Cette rencontre, entre la robe des mots et le bouquet des notes, est une grisante initiation à « plusieurs degrés », à la rêverie, à l'imagination, au bonheur.

Alain DUAULT

Marie et le vin

MUSIQUE ORIGINALE COMPOSÉE ET ORCHESTRÉE PAR

Gréco Casadesus

D'APRÈS LE ROMAN DE

Claire Huynen

Une production « La musique du livre »
Gréco Casadesus & Patrice Monmousseau
Supervision musicale : France Tarpinian/Grand Large Music

1 : Découverte des saveurs *(chapitre UN)*
2 : Nouvelles substances *(chapitre DEUX)*
3 : L'amant liquide *(chapitre TROIS)*
4 : Soleil mauve *(chapitre QUATRE)*
5 : Les cafés, les hommes et Mr. André *(chapitre CINQ)*
6 : Descente à la cave *(chapitre DOUZE)*
7 : Légendes populaires *(chapitres QUINZE et SEIZE)*
8 : Accord parfait *(chapitre DIX-SEPT)*
9 : Ivresse inconnue *(chapitre VINGT-DEUX)*
10 : Troublante quiétude *(chapitres VINGT-TROIS et VINGT-QUATRE)*

Les parenthèses indiquent la correspondance entre plages musicales et chapitres. Vous pouvez aussi écouter la musique de Marie et le vin *pour, tout simplement, vous imprégner de l'atmosphère du livre.*

Retrouvez *Marie et le vin* sur Internet : www.casadesus.com

CLAIRE HUYNEN

MARIE ET LE VIN

COLLECTION
« ROMAN »

le cherche midi éditeur
23, rue du Cherche-Midi 75006 Paris

À Cécile,
fleur coupée.

À Marc,
évidemment.

... Qu'il m'apprenne à toucher inlassablement du regard à quelle distance de moi commence l'autre.

Serge DANEY

Il faut avoir longtemps parlé ensemble pour savoir si l'on est du même silence.

Frédéric ROSSIF

UN

C'est en se réveillant à cinq heures du matin que Marie décida que dorénavant sa vie serait exclusivement consacrée au vin et à la solitude. Elle débrancha le téléphone et se rendormit enfin apaisée. Il était dix heures lorsqu'elle se décida à se lever. Elle sortit sa vieille machine à écrire mécanique et tapa en chantonnant la lettre de démission qu'elle avait résolu d'envoyer au collège qui l'employait. Elle s'habilla d'insouciance et se rendit chez Madame Bérangère, tenancière en titre du Félix Potin, à deux pâtés de maisons de chez elle. La vieille souriait toujours, mais maintenant dubitativement, lorsque Marie posa sur son comptoir les six bouteilles de vin de pays qui signifiaient une nouvelle ère. Elle, qu'une vie saine avait résignée à du poisson et beaucoup de légumes, s'empara avec gourmandise d'une boîte de rillettes et d'un camembert soigneusement choisi parmi les plus odorants. Madame Bérangère la regarda s'éloigner déployant force imagination pour accoler à Marie un amant un peu rustre.

De retour chez elle, elle déchira méthodiquement les cours d'histoire qu'elle ressassait depuis ses débuts dans l'enseignement. Elle emplit ainsi trois sacs qu'elle descendit aussitôt à la poubelle commune de l'immeuble.

Un soleil de fin d'après-midi éclairait l'appartement lorsqu'elle s'assit pour contempler ce nouvel espace libéré.

Elle posa un doux sourire sur ses lèvres et entreprit de déboucher une des bouteilles avec le tire-bouchon acheté le matin même. Elle regarda le nouveau breuvage emplir lentement le verre sur lequel s'affichait un schtroumpf délavé. Le ventre encore vide, d'un trait elle avala plus qu'elle ne but le vin. Elle ferma les yeux pour le sentir couler en elle. Une délicieuse ivresse commençait à l'envahir lorsqu'elle versa le second verre. Elle le dégusta lentement cette fois, s'ingéniant à découvrir les différentes saveurs du liquide, attentive à la chaleur inhabituelle de son corps. Marie reboucha la bouteille et s'allongea, satisfaite de l'expérience. Le soir, elle n'alluma pas la télé comme elle en avait l'habitude. Elle savourait déjà l'idée de l'emprise sur elle de ce nouveau rituel. Elle agrémenta, cette fois, la boisson des rillettes et de la demi-baguette achetée la veille. Trois fois, elle remplit son verre. Le troisième verre lui sembla plus goûteux encore. Elle préserva cette saveur à ses rêves et s'endormit avec quiétude.

Ses provisions la désaltérèrent sept jours. Chaque matin, elle sortait acheter un mets qui lui semblait plus assorti à ses nouveaux plaisirs. Elle devint bientôt experte pour choisir les fromages. Le camembert semblait se prêter plus que tout autre aux saveurs fruitées des vins choisis. Un seul critère la guidait : il fallait que le papier se déchirât sous son pouce tant la résistance à la pression était faible.

Elle fit bientôt provision de camemberts. Ceux-ci formaient une pile de sept. Chaque jour, une nouvelle boîte prenait place sous les autres, permettant à chacun une gestation de sept jours.

DEUX

Les journées de Marie étaient rythmées des nouvelles substances. Elle goûtait, observait, décelait les figures infinies qui s'arrondissaient à son palais.

Elle constata assez vite une curieuse frustration à boire dans son verre décoré. Le liquide manquait d'ampleur, semblait étouffé par les dessins. Le vin manquait d'élégance.

Elle acquit donc des verres ballon tout d'abord, rappelant ceux qu'elle voyait sur le comptoir du bar où, il y a si longtemps maintenant, elle avalait une salade entre deux cours.

Ce fut sa première découverte. Le vin avait démultiplié ses saveurs. Elle fit rouler le liquide, d'un geste imperceptible, le pied du verre serré entre ses doigts.

Le vin prenait de l'élégance. Elle comprit alors la beauté du rituel qui entourait le vin.

Ce jour-là, elle dégrafa un bouton de son chemisier, défit son chignon et se posta devant un miroir de longueur, le nouveau flacon à la main. Et elle but. Face au miroir, d'abord. Puis elle prit diverses postures retrouvant des gestes de galante ou de vieille alcoolique. Son reflet semblait s'amuser de ces mimiques. Elle tournait le vin dans son verre, se regardait en coin, étonnée des transformations de son visage. Le monde lui paraissait plus vaste. Elle retrouvait en ses nouvelles attitudes celles de gens croisés. La concierge du collège, lors du pot d'amitié de fin d'année, le nez dans son porto ne trouvant pas sa place dans cette assemblée et buvant, certaine de sa transparence, réfugiée dans un coin. Elle revoyait son grand-père avalant le verre d'un trait, le reposant fermement sur la table avec une expiration sonore. Sa mère qui ne buvait que du bout des lèvres avec une élégance de mise.

Elle rit de retrouver en elle ces mondes entrevus. Elle dégusta le gratin qu'elle avait préparé et elle n'avait plus besoin de miroir pour reconnaître en elle la foule. Son gratin était fondant. Cette fois, elle n'avait pas mis trop de muscade qui casse le goût du vin.

Elle retrouvait des visages mais à aucun moment les souvenirs de sa vie défunte ne s'imposaient à elle. Ses rêves même étaient inhabités. Elle n'avait jamais si bien dormi.

Chaque semaine, elle achetait six bouteilles chez Madame Bérangère qui ne lui souriait plus comme naguère. Elle ne l'appelait plus non plus « Madame Marie », mais un quelconque « Madame ». Elle avait renoncé à poser des questions qui ne réveillaient chez Marie qu'un sourire distrait. C'est ainsi que, peu à peu, Marie n'eut plus à partager sa solitude.

Elle choisissait maintenant son vin avec plus d'attention, procédant d'abord par élimination, écartant les quelconques vinasses qu'il lui était arrivé de goûter. Elle affina ainsi ses choix.

Elle avait décidé de limiter son budget. Les vins de pays et ceux du Beaujolais lui semblaient plus justes que les bordeaux ou bourgognes à bas prix et grosse production.

Elle n'avait pas lu depuis des semaines. Elle acheta un livre sur le vin qu'elle referma bien vite, trouvant abstraits les développements et descriptions qu'elle y lut. Elle préféra laisser à son palais l'exclusivité de la découverte.

Chaque jour, Marie inspectait son courrier, jetant sans les ouvrir les lettres qui pussent être personnelles. Elle payait scrupuleusement ses factures sauf celles de téléphone dont le combiné décroché ne l'agaçait maintenant plus d'une lointaine résonance de sons détachés.

TROIS

Un matin elle se réveilla avec l'envie de peupler sa solitude.

Elle s'habilla avec discrétion.

Dehors, elle se laissa caresser par un vent puissant dont elle aspira de profondes gorgées. Elle se fia à sa poussée pour diriger ses pas. Elle passa devant de nombreux bars, redoutant la chaleur qui semblait y régner. Elle aimait le vent qui l'emmenait.

Mais le vent se faisait fraîcheur et le vin dont elle eut envie la réchauffait déjà.

Elle inspira fortement avant de pousser la porte du café. Elle s'enquit qu'aucune tête connue ne le peuplait et elle se décida à entrer. Elle choisit une table au fond de la salle, non qu'elle eût honte de sa présence en ce lieu, mais parce qu'elle redoutait d'avoir à converser, elle qui était si bien entourée maintenant qu'elle était seule.

Le café était peu fréquenté en ce début d'après-midi. Une femme qui avait dû être belle mais aujourd'hui fardée de rides parlait seule, à deux tables de la sienne. Elle marmonnait des phrases incompréhensibles laissant refroidir un thé qu'elle remuait du geste mécanique d'une petite cuillère tordue. Deux hommes se partageaient le bar. L'un avait la prestance de son costume bien taillé et buvait un mièvre café. Un autre, enjoué, parlait, ne s'arrêtant que pour avaler une lampée de calvados. Nul ne semblait faire attention à lui. Le serveur, affairé à ranger des tasses, opinait de temps en temps du bonnet. Sa besogne terminée, laissant le bavard à son soliloque, il se dirigea d'un pas paresseux vers Marie. Il écouta sa commande et sans un mot lui apporta un verre de beaujolais. Elle attendit quelques instants encore, avant de boire, que le désir se fît plus pressant.

Une jeune fille s'empara du flipper et c'est avec plus de curiosité que d'exaspération qu'elle regardait les mouvements cadencés du mutant que formaient la fille et la machine.

Son verre était vide sans qu'elle ne l'ait goûté. Elle attendit plusieurs minutes le passage du serveur, et demanda un autre verre. Elle le but avec l'impression profonde de se fondre en ce lieu où nul ne semblait la voir. Elle aima s'absenter d'elle-même.

Chaque jour, elle revint. Le bar était le plus souvent calme, agrémenté du cliquetis des tasses. Marie y croisait certains alcooliques repentants, des ivrognes heureux, des taiseux et des bavards, et des personnages de passage buvant un café et repartant aussitôt. Elle appréciait l'anonymat du lieu. Personne ne la dérangeait dans son observation. Le serveur lui-même ne personnalisait pas l'accueil maintenant qu'elle avait « ses habitudes ».

Un jour, elle réalisa que le lieu n'était pas clos, qu'une large vitrine laissait entrer la rue.

Son attention fut alors décuplée. Elle délaissa les rares clients pour regarder passer cette foule dans le froid. Marie découvrit l'extrême variété des physionomies. Elle réalisa qu'elle avait longtemps vécu les yeux baissés, le regard fuyant. Ses yeux maintenant s'écarquillaient à mesure que son vin se vidait. Elle fut occupée par le seul dehors, se sentant protégée dans ce dedans, pendant neuf jours. Peu à peu, les corps se confondaient et les physionomies qui lui avaient paru si différentes se mouvaient en une seule apparence. Dans ce bar, elle se sentait spectatrice d'une société en mouvement dont elle se détachait peu à peu.

C'est l'attention toute portée au dehors qu'elle sursauta à l'appel de son prénom.

Debout, planté à côté de la table, un homme la regardait, étonné. Elle ne le reconnut pas immédiatement tant sa vie d'avant le vin lui paraissait lointaine. Michel était un de ses collègues, joyeux professeur de mathématiques. Le voir là lui paraissait incongru. Elle n'eut pas la force de refuser qu'il s'assît à sa table.

« Que deviens-tu ? Tout le monde au collège s'est étonné de ton absence si soudaine. T'est-il arrivé quelque chose de grave ? Françoise elle-même a demandé de tes nouvelles. Tu la connais, elle qui ne s'inquiète de personne... Tes élèves t'ont écrit. As-tu reçu leur lettre ? Il y a un de ces remue-ménage au collège, Vincent a eu une altercation avec un de ses élèves, le père de celui-ci a fait un scandale et a finalement changé son fils d'établissement. L'Académie nous a envoyé en catastrophe une nouvelle prof d'histoire suite à ton départ. Un joli petit bout de femme... »

Marie n'écoutait plus Michel et elle lui était reconnaissante de ne pas lui laisser le temps de répondre.

Qu'avait-elle à dire ? Que dire que Michel eût compris ? Les choses paraissaient si simples pour elle, n'avaient aucune explication. Étaient et devaient se contenter d'être. Marie réalisa combien la vie dont cet homme lui parlait lui était devenue étrangère. Cet homme s'adressait à une autre femme. Une femme que peut-être elle fut un jour. Marie se leva, sourit à cet homme qu'elle n'était plus sûre d'avoir connu et quitta le café.

Marie décida de ne plus fréquenter ce lieu.

Les jours qui suivirent, elle dégusta le vin chez elle, renouant avec la délicieuse intimité qui la liait au breuvage. Elle ne se résolut pas pour autant à abandonner sa communion avec ses semblables. Elle mit trois jours à dénicher ce banc près d'un jardin d'enfants où elle passait inaperçue parmi les mères de famille tout en ayant la possibilité d'observer les flots humains. Le banc était situé près d'un complexe d'affaires. Elle sortit donc chaque jour à seize heures trente précises pour pouvoir assister au départ du travail. La fermeture des bureaux se répartissait sur une heure pendant laquelle elle ne se lassait de jauger ces déferlantes humaines. Elle ne s'attachait plus à la personne, mais c'était le groupe qui s'imposait à elle. Il ressemblait à un peloton de coureurs cyclistes. Un mouvement continu et homogène avec parfois un élément de ce magma se détachant, étirant le trottoir. Les hommes se parlaient peu. Parfois le rire d'un enfant jouant près d'elle se détachait et rompait l'harmonie de l'uniformité des bruits qui l'entouraient.

QUATRE

Lorsqu'elle rentrait chez elle, Marie redécouvrait avec bonheur la bouteille qu'elle avait laissée sur la table. Ce qu'elle aimait par-dessus tout c'était retrouver le flacon vide qui augurait le moment de déboucher une bouteille vierge. Elle avait vite mis au rebut son tire-bouchon à bras pour un ustensile plus prosaïque, surmonté d'un cep de vigne noueux. Ce geste était un préambule délectable. Elle plantait la tige au centre du bouchon et s'appliquait à ce qu'il s'enfonçât bien droit dans le cylindre. Alors elle prenait amoureusement la bouteille au creux de ses jambes et aimait à entendre couiner le liège contre les parois de verre. Le bruit sourd du bouchon se désunifiant de la bouteille résonnait en elle comme une supplique.

Elle aimait le bruit du liquide tombant dans le verre et elle aimait le bruit du vin descendant jusqu'à son ventre.

Un jour, Marie eut la désagréable surprise de voir son banc occupé par trois grosses dames pérorant. Elle tourna les talons et s'engouffra dans un café qui jouxtait le square et dont elle avait constaté qu'il n'était régulièrement fréquenté que par quelques buveurs. Le patron, un gros homme avenant, lui souhaita bonnement la bienvenue. Elle s'installa à l'une des deux tables de ce café où chacun avait l'habitude de consommer debout. Les regards amusés de quelques-uns se posèrent sur elle mais le patron y mit immédiatement fin, d'un regard sévère. Lorsqu'elle demanda un verre de beaujolais, le patron, d'un clin d'œil entendu, lui fit comprendre qu'il avait mieux et lui servit un gouleyant brouilly. Elle excusa la familiarité de l'homme par la qualité de son vin. Il excusa son mutisme par la moue qu'elle fit en le buvant. De sa table, elle pouvait observer les foules déjectées de leurs bureaux. Mais le spectacle qui s'offrait en ce lieu minuscule occupa toute son attention. Les buveurs qui se trouvaient ici ne buvaient que du vin et non de quelconques alcools. Chacun était bonhomme, jovial et semblait s'être réfugié pour savourer les minutes de futilité d'un bonheur dérisoire. Elle sentait se répandre en elle les sourires de chacun. De cette sensation naquit un certain malaise, l'impression de ne plus s'appartenir. C'est presque en fuyant qu'elle quitta le lieu. Le soleil était mauve lorsqu'elle se retrouva dehors et elle en ressentit profondément les derniers rayons.

Son vin quotidien provenait maintenant des Côtes de Saint-Mont. Ce n'était plus qu'exceptionnellement qu'elle achetait son vin chez Madame Bérangère qui ne buvait pas et commandait son vin à l'étiquette. Elle se fournissait chez un caviste qui avait pour heureuse particularité d'être spécialement mal embouché et n'ouvrait la bouche que pour annoncer le prix dû. Ses vins, en revanche, du plus petit au grand cru, étaient un régal. Chaque semaine, elle achetait invariablement six bouteilles identiques. Au bout de quelques semaines, optait pour un autre cru.

Elle dépensait peu, choisissant des vins ne dépassant jamais trente francs. Parfois, elle s'offrait un grand cru qu'elle buvait alors le lendemain.

Ces jours-là, Marie ne sortait pas. Elle passait l'après-midi à se préparer au moment. Enfilait des bas fins, une jupe fendue, et se maquillait avec attention. À midi, elle avait veillé à ne manger que des plats rapidement digérés et ne lui pesant pas sur l'estomac. Avec de tels vins, elle se refusait absolument à manger quoi que ce soit, soucieuse de préserver l'intégrité de la liqueur. Ces soirs-là, exceptionnellement, elle se laissait envahir par une douce ivresse. Elle dégustait verre après verre, s'ingéniant à y découvrir de nouvelles saveurs, celles-là qui, particulièrement timides, attendent d'être sollicitées pour s'épandre. Elle buvait le dernier verre plus lentement encore craignant d'être passée à côté d'un parfum, d'un arôme.

Alors, Marie se couchait, conservant ses bas et son maquillage, vestiges de la sensualité qu'elle venait de partager.

CINQ

Marie avait recommencé à fréquenter les cafés. Chaque jour, elle en découvrait un nouveau. Des lieux incolores où elle prenait plaisir à se fondre. Quelquefois un importun tentait de l'aborder. La première fois, elle en fut surprise ayant perdu l'habitude qu'on lui adresse la parole et elle répondit, cherchant ses mots, à l'homme passablement éméché qui s'était assis face à elle. Mal à l'aise, n'aimant décidément plus la promiscuité, elle perdit contenance et s'en fut sans même avoir vidé son verre. Ce soir-là, de retour à son appartement, elle se coucha nauséeuse, sans même l'envie d'une gorgée de vin.

Elle adopta vite une attitude qui la préserva de ces rencontres malvenues. Lorsqu'un indésirable se présentait, elle se réfugiait dans un silence profond, regardant nonchalamment à travers l'outrecuidant, renvoyant celui-ci à sa transparence. Elle se retrouvait vite seule. Elle laissait alors à nouveau errer ses regards sur ces passants déshumanisés. Elle souriait quelquefois de discussions volées à ses voisins hasardeux.

Elle n'avait pas quitté la société, elle la regardait simplement d'une autre table.

Elle aimait à s'abstraire dans des mots envolés, dans des destins entr'aperçus. Elle repensait quelquefois au devenir de ce couple riant, au désespoir de cet homme pleurant en relisant une lettre froissée. Mais c'était d'à côté, sans envie ni regret, sans douleur et sans joie. Son seul bonheur était fait d'arômes, de fragrances et de saveurs. Sa vie était maintenant concentrée en son nez et son palais. Son sang aussi, parfumé de vin lorsqu'il battait à ses tempes.

Mais une fois par semaine, elle se rendait au bar du square. Elle avait longtemps attendu avant d'y retourner. Ses pas l'avaient menée à chacun des bars l'environnant. Puis elle s'était résolue à accepter ce plaisir.

Le patron s'appelait Pierre et avait vite balayé le « Monsieur » qu'elle lui donnait pour se faire appeler par son prénom. Il avait senti le besoin d'éloignement de Marie et leurs dialogues se limitaient à un « Comment allez-vous ? » auquel elle répondait de bonne grâce ; puis, faisait mine d'ignorer sa présence. Il lui servait, sans qu'elle ait à le demander, deux verres de ce brouilly qu'il allait chercher tous les ans dans une petite propriété, ce qui lui donnait l'occasion d'une escapade joyeuse. Le troisième verre lui était rituellement offert. Il lui faisait alors déguster un nouveau cru dont il lui disait juste « Goûtez-moi ça ! ». Il n'attendait pas qu'elle lui livrât son appréciation, mais observait son visage et se sentait heureux lorsqu'un sourire l'illuminait à la première gorgée.

Les clients du café étaient souvent les mêmes avec leur joyeuse bonhomie. Eux aussi semblaient oublier la présence de Marie. Elle n'avait jamais rencontré d'autres femmes en ce lieu. Marie aimait la proximité de ces hommes simples. Elle aimait entendre résonner leurs gros rires. Lors de ses premières visites, les hommes parlaient moins fort, riaient moins gras, attentifs à sa présence. Maintenant, chacun respectait sa transparence et avait retrouvé la bonne grosse fraternité qui les liait. Quelquefois, l'un d'eux paraissait soucieux. Pierre l'emmenait alors au coin du bar et lui parlait de l'Amérique, des femmes dont il avait vu le haut des cuisses et du vin qui réchauffe. L'homme repartait toujours heureux et gourmand.

Et puis il y avait ce vieil homme, Monsieur André, dont Marie ne sut jamais s'il s'agissait de son prénom ou de son nom. Monsieur André était invariablement assis à l'autre table du café. Il parlait peu. Souriait souvent. Il était sec et droit. Son crâne semblait avoir été poli à la cire et des cheveux blancs tombaient distraitement sur son cou. Il était toujours vêtu d'un costume trois-pièces anachronique. Une barbiche soignée descendait de son menton en un triangle équilatéral parfait. Son nez était camard et ses yeux avaient beaucoup souri. L'âge semblait lui avoir fait grâce de ses joues roses et de ses lèvres pleines. Il buvait peu, mais un verre de vin était toujours posé sur sa table. Une seule fois, Marie l'avait entendu prononcer plus de trois phrases à la suite. Un homme qu'elle n'avait jamais vu était entré, le visage grave. Pierre l'avait salué avec affection et lui avait servi un verre de vin. L'homme était resté silencieux, imperméable aux discussions joyeuses de ceux qui l'entouraient. Ses yeux se perdaient dans un lointain insaisissable. Il demeura ainsi plusieurs minutes, portant mécaniquement son verre à ses lèvres. Monsieur André l'observait avec compassion et profondeur. Lorsque l'homme eut semblé revenir de ses songes, le vieux l'appela à sa table. Longuement, alors, il parla. D'une voix grave que le temps avait éraflée. Le timbre était doux. Mais le vieil homme parlait presque de silence et Marie n'entendit que quelques mots, prononcés plus fort, avec plus de sévérité, de cet aparté. Lorsque Monsieur André se tut, l'inconnu n'avait toujours rien dit. Et c'est après un long silence, les yeux plongés dans ceux de l'ancêtre, qu'il se leva et lui serra chaleureusement la main. Il but un autre verre de vin, sourit à Pierre et s'en fut. Monsieur André lança un clin d'œil à Pierre qui semblait satisfait. Un bon sourire flottait encore sur ses lèvres lorsque Marie sortit.

SIX

Marie fréquentait toujours des bars disparates. Un après-midi, son humeur l'avait menée à un grand café des boulevards. Elle était assise au fond de la salle et observait les allées et venues des serveurs s'affairant à la mise en place de la salle pour les clients qui allaient bientôt s'engouffrer pour dîner. Les nappes volaient et des piles d'assiettes se répartissaient les tables. Elle aimait se sentir plus immobile encore de l'agitation qui l'entourait. À côté d'elle, une femme dont l'âge devenait incertain, lisait. Elle portait un tailleur strict bordeaux, serré sur des seins absents. Son visage était rond mais les lèvres sèches. Elle leva les yeux de sa revue et son visage s'ouvrit.

« Marie ! Que fais-tu là ? Voilà des mois que je

cherche à te joindre. Ton téléphone est coupé. Tu as déménagé ?... »

Marie se tourna vers la femme, le front plissé. Elle était plus contrariée d'avoir été dérangée que reconnue.

« Vous devez faire erreur, madame. Je ne vous connais pas. »

La femme perdit contenance.

« Mais enfin, Marie, tu te souviens de moi ? Chantal, ton amie Chantal ! »

Marie l'interrompit.

« Madame je ne connais aucune Chantal. En outre, je ne m'appelle pas Marie. Il doit s'agir d'une confusion de votre part. »

La fermeté du ton laissa la femme dubitative et elle s'excusa. Elle avait perdu son assurance. Marie termina rapidement son verre et se leva lentement, saluant la femme qui n'avait cessé de l'observer.

Cette rencontre l'avait troublée. Elle ne se souvenait pas avoir jamais connu de Chantal. Et pourtant, c'est bien par son prénom que celle-ci l'avait appelée. Elle eut l'impression d'avoir tranché une partie d'elle-même. Mais la cicatrice ne la faisait pas souffrir. Et elle n'avait pu être amie avec cette Chantal. Celle-ci semblait bien trop aride. Qu'auraient-elles pu échanger ? Marie dormit mal cette nuit-là.

Cette rencontre l'amena à éviter les lieux publics. Elle se retrouva donc chez elle, sept jours. Sept jours où l'ennui l'envahit peu à peu. Elle était morose. Aimait moins le vin qu'elle buvait et se prit à regretter l'ambiance flottante des cafés. Elle reprit bien vite ses habitudes. Elle décida de mieux choisir ses lieux d'errance. Elle ne fréquenta donc plus que les bars populaires et les brasseries anonymes des quartiers chics, où elle ne connaissait personne.

Le Café des Fleurs appartenait à la deuxième catégorie. Elle l'avait choisi pour les miroirs qui en ornaient les murs. Elle pouvait ainsi tourner le dos à la salle sans perdre de vue le va-et-vient de chacun. Personne ainsi ne la voyait. Les miroirs sont en effet déroutants. Lorsqu'on leur fait face, c'est sa propre image qui s'impose. L'univers qui entoure semble ne pas paraître dans le champ. Il faut en effet un effort d'imagination pour que les yeux s'habituent au paysage reflété. Il en est ainsi de certains tableaux où la lumière, semblant émaner d'un de ses objets, fait disparaître au regard le contexte. Marie pouvait ainsi prendre au piège le narcissisme des clients ne se sentant pas observés par ce biais.

Elle avait surpris une vieille bourgeoise, le regard circulaire, plonger avec application un doigt dans son nez. Un serveur avait pour habitude de se gratter l'entrejambe de sa main libre. Un jeune homme, juste avant l'arrivée de sa promise, avait promené son nez sous ses aisselles. Une vieille gourmande avait léché son assiette pour savourer les dernières miettes d'une tarte minuscule.

Marie s'efforçait de ne pas laisser exploser le rire que lui provoquaient ces maladroites facéties.

Elle s'était particulièrement attachée à une vieille endimanchée qui observait chaque jour un curieux rituel. Elle commandait un café qu'elle avalait, d'une seule gorgée, après l'avoir laissé refroidir. Puis, elle allumait une Fine 120 dont elle tirait quatre bouffées, exactement. Elle payait alors son café et, immédiatement, en commandait un autre, le buvait et allumait une cigarette qu'elle écrasait aussi vite.

Elle recommençait ainsi jusqu'à ce que seize heures s'affichassent à l'horloge. Elle se levait alors, faisant mine de partir sans payer le dernier café commandé. Et chaque jour, le serveur, gentiment, la rappelait à l'ordre. La vieille prenait alors un air confus et invariablement s'exclamait « Mais où avais-je la tête ».

Marie, des jours durant, l'avait observée, sans la quitter du regard. Et c'est de bonheur qu'elle la retrouvait lorsqu'elle revenait au Café des Fleurs. La vieille ne s'était jamais aperçue de sa présence, tout occupée qu'elle était à regarder au-dehors.

Mais au Café des Fleurs, le vin n'était pas bon. Peu de clients en commandaient d'ailleurs.

SEPT

Un jour, passant devant la vitrine d'un magasin de prêt-à-porter d'un grand couturier, elle décida de pousser la porte. Son intention était d'observer les rombières se faire flatter par celles qu'elles considéraient comme des caméristes. Mais la boutique était vide lorsqu'elle se présenta. Elle prit donc le parti de se laisser mener au rythme de la vendeuse. Une jolie femme un peu maigre se présenta à elle, lui proposant avec suffisance de l'aider. Marie se laissa conseiller, affichant une mine intéressée. Elle entreprit alors un essayage qu'elle fit exagérément durer. À deux reprises, la vendeuse, visiblement agacée, s'enquit, derrière le rideau, de ce que les vêtements lui seyaient. Marie prenait un grand plaisir à l'impatience de la jeune insolente. Par jeu, elle boutonna mal le chemisier qu'elle avait enfilé, se donnant une allure de godiche. Lorsqu'elle sortit de la cabine, la vendeuse flatta son élégance et l'accord parfait des couleurs à son teint. Ce jaune lui donnait l'air malade. Elle décrivait avec force détails la qualité des matières et la fluidité des vêtements. Elle ressemblait à un épouvantail. Marie faisait mine d'hésiter, se regardant sous différents angles. Elle se retint de pouffer de rire lorsque la jeune oie vanta la légèreté du chemisier et le merveilleux tomber du tissu. Elle sembla convaincue.

« D'accord, je les prends. »

Elle retourna à la cabine et reprit son apparence discrète. Elle se sourit et sortit, les vêtements jetés en boule dans un coin.

« Finalement, j'ai changé d'avis. Ça ne me va pas. » Et elle sortit, après un sourire à la vendeuse qui fit une grimace d'au revoir.

La porte fermée, elle rit à gorge déployée.

De retour chez elle, elle s'amusait encore du tour pendable qu'elle venait de jouer.

C'est ainsi que Marie se construisait une nouvelle mémoire, se recréait des souvenirs.

HUIT

Le lendemain était de soleil, Marie passa la journée à flâner dans un quartier mosaïque. Elle remonta lentement le marché qui s'étendait sur le boulevard où ses pas l'avaient menée. Les odeurs se déployaient ici avec leurs couleurs. Des poissons nacrés narguaient le soleil de leurs reflets d'argent. Quelques crabes, dans une cagette, troublèrent Marie de leurs yeux sombres et de leur obstination à relever leur carcasse rouge, à hausser leurs pattes étrangement velues. Les femmes la bousculaient et elle se laissa entraîner vers l'étal du boucher. Des pièces de bœuf se vautraient dans les frigos, retenant leur sang par des nerfs invisibles. Des poulets semblaient avoir sacrifié leurs plumes pour une pâleur moite que Marie ne put regarder sans un certain dégoût. Et puis des faisans, accrochés à des clous, sous une toile tendue de rouge, laissant briller leurs reflets bleus, verts, bruns et or avec cette odeur qui leur reste des sous-bois et des marécages ; le tablier du boucher témoignant de la vie, toute récente, des bêtes de son étal, avec ses traînées rouges et brunes sur l'immense fond blanc soutenu par la panse de l'homme.

Mais déjà elle entendait la voix rauque des femmes qui sentent la sueur héler les badauds et vanter le juteux d'une orange, le prix d'une banane, la fraîcheur d'un melon. Les pastèques ouvertes laissaient transpirer le rouge de leur chair, crachant quelques pépins bruns qui semblaient des yeux menaçant la bouche des gourmands. Des pommes se disputaient les mille teintes du vert qui promettent leur sucre. Des fraises et des framboises exhibaient fièrement un rouge incarnat et leur peau fine souffrait déjà de retenir un jus qui leur gonfle la panse.

Et puis des salades, scaroles, laitues, barbes-de-capucin, cressons, chicorées, batavias semblaient une mer déchaînant toute sa gamme de verts, du blond au tendre, de l'émeraude au véronèse.

Des courgettes se tordaient le cou pour mieux tendre leur peau. Des tranches de potiron exhibaient sans pudeur leur chair orangée. Les asperges d'un blanc laiteux levaient leur tête violette, se serrant en bottes fièrement dressées. Des carottes éparses avaient gardé sur leur robe orange les traces de leur séjour dans la terre brune qui semblait les avoir griffées. Dans une caisse, des haricots par centaines gonflaient leur ventre enceint de graines immatures. Des choux épars se disputaient la rondeur : les choux-fleurs sortaient de la verdure leur ventre blanc bossu ; les rouges s'arrondissaient en serrant nerveusement leurs feuilles mauves ; les verts qui se croient fleurs arrondissaient leurs pétales foncés. Et les reines tomates gardaient un œil ouvert et gonflaient leur poitrine pleine de jus rouge.

Marie se laissait entraîner, saoulée déjà par les odeurs de champs et de terre.

Elle se laissa mener jusqu'à un petit café où des hommes buvaient du thé en parlant arabe. Un adolescent se tenait discrètement derrière le bar. Son sourire était de soleil. Il se montra empressé face à cette cliente inhabituelle. Marie avait pris place à une grande table d'où elle pouvait observer les joueurs de rami. Les hommes la regardaient de temps en temps, flatteurs. Ils affichaient leur respect en parlant français entre eux. Les tables étaient de guingois et les chaises dépareillées. Des bouquets de fleurs en tissu bon marché se dressaient sur une poutre peinte en brun foncé qui ressemblait à du chocolat. Parfois, Marie sentait un regard plus appuyé. Consciente de son attrait, elle baissait alors les yeux et laissait ses joues rosir. Marie grilla une cigarette et celle-ci aussitôt écrasée, le jeune homme qui l'avait servie vint lui porter un cendrier propre. Marie sentait ici le désir et le respect curieusement confondus. Elle ne s'attarda pas et dès qu'elle fut sortie, les hommes reprirent leurs discussions en arabe, semblant ne les avoir jamais abandonnées. Comme sortant d'un rêve.

Marie parcourut des rues entières vouées à la démolition. À l'angle d'une rue, passant près d'une maison lézardée, elle entendit le rire clair d'enfants derrière des fenêtres murées. Les immeubles étaient bas, recréaient un lot, un village, semblaient oubliés au milieu d'une ville trop urbanisée. Ici, il y avait encore des bancs publics sur les trottoirs. Marie ne s'était pas rendu compte de leur progressive disparition dans les autres quartiers de la ville. Des hommes, pour la plupart, les occupaient, ne dédaignant pas cette promiscuité. Certains parlaient, d'autres préféraient le silence, mais ils semblaient heureux, ensemble, dans ce temps suspendu. Marie se perdit avec ravissement dans le labyrinthe des rues multicolores.

Il était tard lorsqu'elle réalisa qu'elle avait faim. Elle poussa la porte d'un restaurant turc dont les murs se paraient de moquette moutonneuse et de photos défraîchies d'Istanbul, des plaines d'Anatolie et de mers qui avaient dû être bleues.

Son appétit s'aiguisa des odeurs d'épices et fut récompensé de tendres kebab. Elle fermait les yeux pour mieux percevoir le cumin des kofte et aima la douceur du blé concassé. Le vin turc était fort et la chaleur qui montait en elle la transportait mieux encore vers cet Orient. Une tablée de vieux ouvriers se mit à entonner des chants dont elle ne comprenait pas les paroles. Les yeux tournés vers l'intérieur, les voix des hommes vibraient, chantaient des collines d'abondance et avaient dû connaître cette femme aux hanches si rondes. Marie sentit profondément la sensualité l'envahir doucement. Elle ne sut si elle la devait au vin ou à la belle nostalgie des déracinés. Tout au long du trajet qui la mena chez elle, Marie rêva à ces bergers et aux épices.

NEUF

Marie ne sacrifiait pas pour autant ses longues dégustations chez elle. Elle rentrait habituellement en fin d'après-midi et se laissait envahir pour la nuit par son amant liquide. Elle percevait de plus en plus comme une caresse le tanin qui l'envahissait.

Elle aimait dénicher sur sa lèvre la trace sombre du vin qui s'était insinué dans les rondeurs de la peau. Elle la conservait comme une morsure, une traîtresse attaque propre aux passions. Elle sentait la complaisance du vin à son égard, le goût qu'il avait à se laisser mâcher, son plaisir à être sucé, aspiré, avalé. Il avait une vie propre en son corps et elle ne le maîtrisait qu'au matin, tant il avait inspiré ses rêves.

DIX

Marie se rendait quelquefois dans un bar suranné, semblant épargné par les ans. Le sol était recouvert d'une mosaïque défraîchie et irrégulière. Les banquettes de moleskine orange avaient été creusées par les nombreux postérieurs qu'elles avaient accueillis. Le plafond s'était imperceptiblement jauni des souffles de tabac pour offrir aujourd'hui un ocre irrégulier se brunissant aux angles. Les tables étaient pour la plupart calées par des sous-bocks qui ne les empêchaient pas de tanguer. Le pied du bar était noirci par les mégots écrasés et une grosse dame, semblant faire corps avec son tabouret, trônait devant une vieille caisse enregistreuse. Un serveur nonchalant traînait les pieds en passant entre les tables. Il avait l'âge de l'établissement et semblait n'avoir d'autre centre d'intérêt qu'une moustache qu'il roulait sous ses doigts.

Marie apercevait de temps en temps, à une table du fond, une vieille femme qui portait, comme grimée, les traces de l'homme qu'elle fut. De longs cheveux laineux se souvenant d'une ancienne permanente encadraient son visage. Sa bouche était agrandie par un rouge à lèvres trop rose et de longs cils surchargés ne rajeunissaient pas ses yeux. Elle portait invariablement de longues jupes droites sur des mollets mauves musclés, un chemisier vaguement repassé et, enserrant son cou, un foulard de supermarché. Sa voix était tout à la fois grave et pointue. Parfois, un client avançait jusqu'à sa table. Elle était passée maître dans l'art de tirer les cartes. Elle en sortait alors un paquet défraîchi et, avec un sérieux comique, elle soumettait le temps, promettant amour, gloire et beauté. Son visage se durcissait quelquefois et elle mettait alors en garde son vis-à-vis de quelque esprit malveillant dans lequel chacun reconnaissait avec certitude, qui la collègue de travail, qui le parent, qui le voisin. Elle se faisait payer d'un verre d'alcool et d'un peu de considération. Certains, quelquefois, venaient la remercier, prédictions accomplies.

La vieille lançait parfois à Marie des regards où se confondaient fierté et désespoir. C'était sa manière d'inviter Marie à rêver un peu de son destin. Mais Marie n'avait pas de passé, comment eût-elle pu avoir un avenir ?

Un jour qu'elle buvait un verre de côtes-du-rhône, un homme aviné se prit à insulter la vieille devine. Les propos étaient méchants et justes. La femme ne répondait pas, semblant imperméable à ses paroles. Marie sortit alors de sa réserve pour renvoyer vertement le salopard à sa propre misère. C'était le prix de sa tranquillité. L'homme quitta rapidement le lieu, maugréant. Le mascara de la vieille avait dessiné un trait sur sa joue. Elle offrit un sourire ému à Marie. La dame s'en fut quelques minutes plus tard avec dignité. Quand Marie voulut payer son verre, le serveur lui indiqua que la cartomancienne le lui avait offert.

Lorsqu'elle revit la vieille, celle-ci ne la considéra pas plus qu'auparavant. Mais certains jours, ceux où le ciel était particulièrement bas, l'augure s'en allait de bonne heure et avait réglé la consommation de Marie.

ONZE

Un jour que Marie retournait au bar du square, les conversations étaient particulièrement animées. Pierre, en effet, partait le lendemain pour le Beaujolais où il allait humer, sentir et faire provision de vin. Le rituel se répétait chaque année et les réjouissances qui l'attendaient faisaient s'enthousiasmer chacun autour du bar. Tous partageaient la bonne humeur du patron et attendaient son retour, les yeux pleins des soleils du vin et le camion chargé. Beaucoup passaient commande à Pierre, déterminés sur tel ou tel vin, ou lui confiaient un budget qu'il investirait comme bon lui semble. Le bar était plein et les discussions animées. Marie ne participait pas à la liesse générale. Les images qu'évoquait Pierre d'un pays qu'elle ne connaissait que par le vin lui provoquaient une indicible nostalgie. Et puis le brouhaha dans lequel elle aimait habituellement se fondre lui causait aujourd'hui une désagréable exaspération. Les hommes riaient plus fort et plus souvent et les verres se vidaient vite. Une ivresse évanescente s'était rapidement emparée des buveurs. Et Marie, qui d'habitude s'amusait de la joie de ces hommes, en ressentit aujourd'hui proportionnellement la tristesse. Pierre, cependant, veillait à ce que le verre de Marie se remplisse mais le regard tourné vers ses joyeux compères, continuant de rire avec eux. Marie se sentit mal à l'aise au milieu de cette bonne humeur, en décalage. Monsieur André participait à l'amusement général, souriant benoîtement, jetant de temps à autre un regard attentif à Marie. Il fit un clin d'œil à Pierre.

Celui-ci, à une commande passée par l'un des clients, s'enquit alors que Marie souhaitât peut-être elle aussi profiter du camion de Pierre et des amis qu'il avait en Beaujolais. Marie fut touchée mais demeurait mal à l'aise. Pierre l'aida.

« Vous me faites confiance ? J'ai un nez redoutable. Je vous choisis quelques vins. Aux petits oignons ! D'accord ? »

Marie fit oui de la tête et elle acquiesça également au budget que Pierre lui suggéra.

Cette perspective rendit à Marie son sourire.

Elle rentra chez elle à pied, toute joyeuse à la perspective de nourrir son ordinaire de ces vins que Pierre avait le génie de dénicher. Elle en imaginait déjà les rondeurs en bouche. Tout occupée qu'elle était de penser à ses vins, elle se retrouva à la porte de son immeuble sans même s'être aperçue du chemin parcouru.

Arrivée chez elle, un problème la rendit perplexe. Où allait-elle pouvoir entreposer tout ce vin ? Non que la perspective de voir les cartons de bouteilles dans son salon la dérangeât, mais Marie savait qu'une telle quantité de vin devait être conservée dans un endroit adéquat. Marie se souvint alors que son bail mentionnait une cave dans l'immeuble qu'elle n'avait jamais même visitée. Elle en retrouva la clef dans le tiroir-fouillis de la cuisine. Un carton fatigué y était attaché. Sa cave portait le numéro sept.

DOUZE

Elle descendit, enjouée, vers le sous-sol. Le labyrinthe des couloirs l'impressionna. De grosses portes en bois, arrondies en leur tête, limitaient privativement une vingtaine de pièces. Elle en fit le tour avec curiosité, fascinée par cet univers inconnu. Elle trouva rapidement la cave qui lui avait été attribuée. Un chiffre d'une dizaine de centimètres était peint en blanc sur le bois. La clef s'adaptait à la serrure. Des gonds rouillés grincèrent sous sa poussée. Un grand trou noir s'ouvrait devant elle. Elle n'en distinguait que difficilement les contours. Ses yeux s'habituèrent vite à l'obscurité. Elle heurta du pied une planche de vieux bois. Des cartons vides épars s'épanchaient au sol et des voiles de poussière pendaient du plafond. Mais la cave était saine. L'air était frais et peu humide. Elle sentit avec un instinct presque maternel que son vin allait se plaire ici, s'épanouir en toute quiétude.

Elle passa la soirée à nettoyer la cave, interrompue régulièrement par la minuterie qu'il fallait actionner. Elle enleva les ordures qui jonchaient le sol, lessiva les murs et le plafond. Elle avait descendu une bouteille et un verre qu'elle vidait à chaque pause. Elle goûtait à ce plaisir encore inconnu de se désaltérer entre deux efforts, ponctuant la tâche et réchauffant les muscles. La sueur qu'elle dégageait maintenant lui évoquait les travailleurs du bâtiment qui, d'une rasade, reprennent cœur à l'ouvrage. Sa besogne achevée, elle se planta au milieu de la pièce et dégusta, les mains sur les hanches, la satisfaction du travail accompli.

Le lendemain, Marie acheta deux pots de peinture et en recouvrit les murs avec application, laissant apparentes les briques formant voûte du plafond. Elle aimait ce labeur lent et consciencieux qui n'exigeait d'elle que cette application manuelle, permettant à ses pensées un doux vagabondage.

Le blanc éclairait joyeusement la pièce.

Elle remonta chez elle et entreprit de poursuivre le nettoyage à sa personne. Lorsqu'elle leva les yeux, un rire frais la prit à son image reflétée dans le miroir de la salle de bains. Ses cheveux étaient zébrés de coulées blanches et son visage moucheté telle une figure de carnaval. Elle but un verre de vin et se coucha aussitôt. Elle aima ce sommeil long et réparateur.

À son réveil, Marie percevait nettement tous les muscles de son corps. Elle descendit à la cave et découvrit presque avec étonnement la métamorphose de l'antre. Elle en inspecta les murs avec attention, en quête d'une imperfection, d'une maladresse. Le lieu était net, nulle retouche n'était nécessaire. Elle en conçut légèrement du regret. Sa tâche l'avait réjouie et avait reposé son corps.

Elle remonta avec lenteur l'escalier qui la menait chez elle, éprouvant ses cuisses courbatues.

Elle songea à se rendre au bar du square mais Pierre en était absent.

Son appartement semblait fané, les couleurs ternies.

Elle se servit un verre de vin qu'elle but lentement, dans ce salon qu'elle trouvait aujourd'hui triste. Cette pensée, soudain, la réjouit : elle allait repeindre son appartement.

Elle s'équipa du nécessaire, et poussa les meubles dans sa chambre. Trois jours furent employés à recouvrir le vieux papier rose d'un blanc mat. Lorsqu'elle eut terminé, le ciel se dégagea et la lumière s'engouffra d'un coup dans son salon. Elle le réaménagea alors et l'emplacement initial des meubles lui parut brusquement incongru. Tout avait été conventionnel et simplement pratique. Elle eut envie de plus de fantaisie. Elle peignit son étagère en bleu ciel, recouvrit son canapé à fleurs pâles d'un tissu jaune citron et scia les pieds de sa table de cuisine pour en faire une table basse sur laquelle elle mit un drap blanc tombant jusqu'au sol. Elle jeta deux tableaux convenus et fit encadrer trois reproductions de collages de Matisse. Puis elle posa une lampe sur l'étagère et une autre sur un coin de la table qui remplacèrent avantageusement le plafonnier diffusant sa lumière froide.

Il lui restait de la peinture bleue. Elle en peignit les plinthes et le contour des portes. Lorsqu'elle eut terminé, elle s'assit enfin sur le canapé et trouva bien plus juste son nouvel environnement. Le vin lui-même semblait maintenant meilleur. Le lieu était gourmand et sensuel. Elle décida de fêter cette métamorphose. Elle déboucha une bouteille de chambolle-musigny qu'elle laissa s'épanouir pendant qu'elle cuisinait. Elle fit rôtir un rosbif piqué d'ail avec de jeunes oignons qu'elle accompagna d'un concombre doré à la poêle. Le vin était tendre au palais et elle en but un verre avec gourmandise avant de dévorer ses mets, affamée par l'effort qu'elle avait fourni depuis une semaine.

TREIZE

Le lendemain était le jour du retour de Pierre. Elle se rendit au bar du square pour récupérer ses précieuses acquisitions. Les joues du patron étaient roses et son œil pétillait encore de son escapade.

Elle s'installa discrètement alors que Pierre évoquait son voyage, ses pérégrinations, ses soirées fraternelles.

« Ah ! le Beaujolais, mes amis ! Si vous saviez comme elle est belle, ma région ! Dès que vous voyez les vignes s'étendre sur les coteaux, vos yeux et vos papilles frémissent d'allégresse. Et comme ça sent bon la terre par là-bas ! Mon bon Marcel m'attendait avec un morgon 88 pas piqué des hannetons. Et puis ça humait bon chez lui. Les pierres sentent le feu de bois et les meubles sont patinés de bon-vivre. Marcel m'avait guetté devant sa demeure, ses solides jambes plantées en terre. Qu'il était bon de le retrouver. La fatigue de la route avait disparu aussitôt que j'eus plongé dans ses bons yeux clairs, souriant au crépuscule. Avant même de pousser la porte, le fumet d'un ragoût de chevreuil me chatouillait déjà les narines. Nous nous sommes assis face au feu qui crépitait et les propos échangés ce soir-là furent aussi fraternels que le vin. Ah ! ce morgon ! il communique la vie ! Le lendemain, il fallait que j'aille saluer mes conscrits. D'autant que c'était notre année. Je suis de l'année en 6. En Beaujolais, cette institution est l'une des plus curieuses et réjouissantes que je connaisse. Il y a dix classes, correspondant au dernier chiffre de l'année de naissance. Les hommes nés en 1943, 1953, 1973, etc., sont donc de la classe en 3. Ceux nés en 1946, 1956, etc., sont de l'année des 6 ; et ainsi de suite. Cette année terminant en 6, la classe en 6 est à l'honneur. Et c'est une tradition qui ne s'essouffle pas avec le temps. Vous pouvez voir un petit jeunot entrer dans un bar et saluer ses copains, puis se diriger vers une tablée de vieux jouant aux cartes et serrer la main de "son" conscrit avec affection, bien que des générations les séparent. Et tous les ans, la classe de l'année défile joyeusement, réunissant trois, voire quatre générations.

» Nous voilà donc partis, Marcel et moi, en direction du café du village où j'étais sûr de rencontrer mes conscrits. Nous croisâmes, en chemin, un jeune homme qui nous demanda où il pouvait se restaurer. Il avait une bonne tête burinée et de l'espièglerie dans le regard. Il ne connaissait pas le coin. Tout de go, voilà mon Marcel qui lui demande sa classe. Le benêt nous regarde, perplexe. "Quelle est ton année de naissance, quoi ?" insista Marcel. Le jeune homme avait à peine répondu que Marcel lui offrait une généreuse accolade. "Bienvenue mon conscrit !" Et nous voilà partis tous trois vers l'apéro. Bon nombre de mes conscrits et de vieilles connaissances de comptoir étaient là et nous firent chaleureusement fête. Nous commandâmes comme de bien entendu une "momie" qui consiste en une demi-dose d'anisette. Chacun souriait sous cape en observant le gamin, peu habitué aux rites de chez nous, commander un pastis, une pleine dose, quoi. Il ne se doutait sûrement pas de ce qui l'attendait. Nous nous gobergions de bons vieux souvenirs, que la porte s'ouvrit sur Hérisson, un joyeux compère du village. Aussitôt entré, il annonça "C'est ma tournée". Le gamin, bientôt, renvoya la sienne, ainsi que tous nos compagnons de comptoir. Et régulièrement, dling ! dling ! la porte s'ouvrait et le nouveau venu, comme il est de tradition ici, lançait à la cantonade “Tournée générale”. Le petit, avec ses pleins verres de pastis, commençait à avoir le regard vitreux. Nous-mêmes, nous n’étions plus très frais. Il arriva un moment où chacun souhaitait s’en aller mais le cercle infernal s’était installé et nous ne pouvions pas décemment quitter les lieux sans renvoyer la tournée. Seul un événement extérieur pouvait nous faire quitter cette spirale. Cet événement arriva en la personne de la femme de Hérisson, qui apparut en robe de chambre sur le pas de la porte. “T’as vu l’heure qu’il est ? !” Le soulagement se lisait sur nos visages. Peu d’entre nous auraient pu supporter deux verres de plus. Le jeune homme, d’ailleurs, dormait déjà sur le comptoir, quelques verres encore pleins à côté de sa tête. La marâtre s’adressait à Hérisson, mais c’eût pu être l’épouse de chacun d’entre nous. Nous nous sommes souvent demandé si les femmes du village ne s’organisaient pas en tour de garde pour rappeler les buveurs au foyer. Le patron allongea le jeune sur la banquette. Et chacun, regardant sa montre, minauda un “Oui, c’est vrai, il faut peut-être que je me rentre...”

» Le pot-au-feu de la femme de Marcel nous ragaillardit et un peu d’ordre se réinstalla dans nos discussions. Mais c’est la même flamme qui nous fit évoquer encore nos souvenirs, désirs et plaisirs. Bientôt, la fatigue se fit sentir.

» Notre sommeil fut long et profond et c'est avec un appétit de jeune homme que nous partîmes vers dix heures visiter les vignes et les chais de Marcel. Ah ! on est tout petit devant ces choses-là ! Et qu'il est bon de sentir le travail qui permet au vin de s'émanciper !

» Et puis, il a fallu que je bosse pour vous, mes amis. Nous avons visité les producteurs, goûté leurs vins, assis attentifs et curieux dans d'immenses caves, les sens en éveil. Ah ! j'en ai goûté du bon vin. De ceux qui rendent vos rêves plus doux. Ils sont là, dans le camion. Je vous ai ramené du soleil ! »

Les images que Pierre mettait dans sa bouche semblaient une chanson. Marie n'avait pas besoin de fermer les yeux pour apercevoir le pays, sentir les parfums. Le vin coulait à flots et Marie mâchait lentement les verres que Pierre lui servait.

Le patron lui annonça lui avoir ramené cent soixante-dix bouteilles. Elle frémit au nombre de cartons qu'elle allait devoir transporter jusque chez elle.

« Mais ne vous inquiétez pas, lança Pierre. Si vous êtes chez vous demain, je joue au livreur. »

Marie le remercia, confuse, et lui inscrivit son adresse sur un papier que lui tendait le patron.

QUATORZE

Pierre vint à onze heures. À son coup de sonnette, Marie descendit joyeusement les quatre étages pour aller l'aider. Celui-ci refusa qu'elle portât les lourds cartons et elle le mena jusqu'à la cave. Marie avait recouvert les murs de casiers verticaux, en attente d'être garnis. Pierre détailla le lieu d'un regard circulaire.

« Vous avez tout prévu ! C'est une bonne cave que vous avez là. Mettez simplement un peu de sciure sur le sol et votre vin se sentira ici comme chez lui. »

Ils parlèrent peu. Pierre semblait gêné, seul face à Marie, avait perdu de sa superbe. Il descendit rapidement la vingtaine de cartons. Il était pressé et Marie fut soulagée de le voir s'en aller sans avoir eu à le faire monter chez elle.

Marie entreprit alors de ranger ses bouteilles. Elle dépouillait les cartons lorsque, dans l'un d'eux, elle trouva plusieurs papiers couverts d'une écriture enfantine. L'un reprenait le détail des vins et des sommes dépensées. Au bas de la page, Pierre avait mentionné « 6 bouteilles de moulin-à-vent 1989, offert ».

Les autres feuillets mentionnaient pour chaque vin ses qualités et l'époque à laquelle il devait être bu.

Marie fut touchée de ces attentions et épingla à l'intérieur de la porte de la cave ces précieuses indications.

La perspective d'avoir à remercier Pierre ne tempéra que peu l'émotion que lui procura le geste.

Marie emporta jusque chez elle une des bouteilles offertes. Elle la déboucha avec attention et versa le liquide dans un grand verre tulipe. Ses fragrances emplissaient le verre alors que Marie le faisait rondement évoluer dans le flacon. Sa robe voltigeait, exaltant ses rouges et ses bruns. Elle en mâcha la première gorgée et laissa tomber sa tête en arrière pour sentir descendre le liquide. La saveur était pleine et elle garda de longues secondes en bouche la mémoire du liquide. Elle en savoura plusieurs verres et le vin gagnait lentement tout son corps. Une douce ivresse s'emparait de ses membres. Elle se laissa bientôt emporter par les images maternelles du vin que Pierre avaient si bien chantées.

Les jours suivants, Marie les passa chez elle, découvrant les nouveaux breuvages et s'habituant à son nouvel environnement.

QUINZE

Marie, en quête de cafés assortis à ses errances, avait découvert la ville. Elle aimait particulièrement l'étroitesse des rues des quartiers populaires semblant arrachées d'une quelconque province. Là, les immeubles étaient bas et des maisons de ville exhibaient fièrement leurs roses sorties de quelque verdure. Le bitume s'arrondissait en son milieu ; les trottoirs étaient étroits mais de peu d'utilité puisque les voitures préféraient les grands axes proches. Les portes des bistrots étaient souvent ouvertes sur la rue et s'en échappaient les sons débridés des habitués. Les noms qui les habillaient semblaient sortis d'une autre époque, d'une autre province : Mon Auvergne, Au Bon Café, le Bar des Amis, le Menhir, Au Trompe-la-Soif.

C'était dans l'un d'eux que Marie croisait parfois un homme étrange. Il était vieux et sa pâleur semblait accentuée par un chapeau melon gris qui le couronnait. Son visage était absolument immobile, de bronze. Nul ne lui avait jamais vu le moindre haussement de sourcil, le moindre tressaillement. Il portait invariablement un complet prince-de-galles parfaitement immaculé en toutes circonstances, un nœud papillon et un gilet canari. D'évidence son seul souci était de garder à sa mise une propreté impeccable. Assis à une table, il tenait dans sa main gauche une paire de gants de pécari et le pommeau d'une canne. Il opposait à jamais un silence absolu. Nul ne savait s'il était muet ou si, suite à une décision profonde, un événement douloureux, il avait un jour renoncé à cette communication. Il affichait un curieux visage, un sourcil levé, les joues gonflées comme s'il contenait, à tout moment, un rire venu des entrailles ; une petite moustache grise qui ressemblait à un papillon était posée au-dessus de ses lèvres serrées. La vie, peut-être, l'avait-elle laissé proche de l'hilarité suite à un événement extraordinaire. Il avait, pour on ne sait quelle obscure raison, acquis dans le quartier une réputation miraculeuse et sa présence réjouissait chacun. Ainsi, ses consommations lui étaient-elles rituellement offertes par la maison, quel que soit l'endroit où il les prenait. Il buvait sans distinction le whisky qu'on lui servait et titubait lorsqu'il se levait, soutenu par sa curieuse mimique.

Ces légendes populaires racontaient toutes la vie d'un quartier et mettaient en œuvre une merveilleuse et simple sagesse assurant la cohésion d'une population.

Ces mythes se propageaient dans les cafés où se côtoient naturellement le Juif et l'Arabe, le cadre et le chômeur, la lycéenne et le vieil ivrogne, la mère de famille et le facteur, le mari et l'amant.

Marie avait ainsi découvert la mystérieuse alchimie du vin de soif qui rend frère d'un quart d'heure. Elle appréciait particulièrement, ici, s'accouder au bar fraîchement nettoyé de onze heures, le rouge un peu frais embuant les verres.

Marie aimait s'abstraire dans ces communautés curieusement constituées, silencieuses ou bavardes.

La semaine qui suivit, Marie se rendit au bar du square. L'effervescence du retour de Pierre s'était calmée mais la bonne humeur était toujours maîtresse du lieu. Marie s'installa et ce n'est que lorsque Pierre lui apporta un verre de brouilly qu'elle lui lança un timide « Merci pour tout ». Pierre lui répondit d'un sourire. Marie plongea le nez dans son verre et elle ne remarqua pas les lèvres de Monsieur André s'étirer en un large sourire.

SEIZE

Le printemps commençait à pointer son nez. Marie huma l'air avec gourmandise. Les arbres des boulevards s'habillaient d'une timide verdure. Les promeneurs semblaient croire aux promesses fantaisistes d'un soleil pâle. Les ménagères échangeaient des propos frivoles. Les fenêtres des grands immeubles s'ouvraient, rafraîchissant les chambres. La couleur de la pierre elle-même se réchauffait.

Marie se laissait mener par ses pas, communiant elle aussi, à cette fête de la régénérescence. Elle avait un peu froid, couverte seulement par une veste de laine. Elle avait voulu convaincre le soleil de sa chaleur, reléguant son manteau à l'hiver. Ses joues étaient roses et elle aimait même cette fraîcheur. Elle pénétra dans un parc dont les bancs se repeuplaient. Des adolescentes riaient, de jeunes garçons jouaient au foot sur une pelouse, un vieux couple se promenait, se tenant par la main, le sourire aimant. Un vent frais jouait avec les jupes complaisamment encouragé par les femmes. Le regard des hommes pétillait et les jeunes filles ne baissaient pas les yeux. Chacun avait subitement quitté l'hiver, confiant.

Marie s'installa à une table sur le caillou de la terrasse d'un salon de thé dominical perdu au milieu de ce jardin. Elle garda son écharpe de soie nouée à son cou. Le serveur était nonchalant et cela convenait aux rares clients. Le vin était un peu frais dans son verre. Elle sentit, en le buvant, la chaleur monter en elle. Le printemps l'envahissait. Un coq chanta.

Ce lieu était d'un autre temps. Marie semblait y percevoir le bruissement de la crinoline de vieilles galantes. Son imagination s'envolait. Un homme à chapeau tenait fièrement le bras d'une toute jeune femme au visage triste qui se couvrait les épaules d'un châle rose. Les femmes laissaient traîner leurs robes emportant des branchages au gré de leur promenade oisive. Un homme vêtu d'un costume gris rayé à jabot bâillait sur un banc sortant de temps à autre une petite montre de son gousset. Deux femmes assises parlaient bas cachant d'une main blanche leurs rires silencieux.

L'arrivée d'une Américaine parlant fort sortit Marie de ses rêveries. Elle portait le cheveu baroque et paraissait anachronique en ce lieu.

Marie se leva. Le froid l'avait engourdie et elle s'en fut vers la sortie du parc.

DIX-SEPT

Elle avait peu marché lorsqu'elle entendit une musique semblant perdue dans le vent. Elle se laissa mener vers l'endroit d'où émanaient les sons.

C'était grave et beau. Ce qu'elle entendait lui semblait un hymne à cette nature qui se régénérait, une supplique à la terre. Tout paraissait s'être tu pour laisser monter la musique en une quête mystérieuse d'absolu. Les sons étaient ronds et longs. Les notes semblaient s'épandre d'une profonde tristesse. Mais cette tristesse même était pour Marie empreinte d'une profonde sérénité. Elle découvrit un jeune homme au milieu d'une clairière faisant chanter son violoncelle. Ses yeux étaient clos tandis que ses doigts semblaient mus par l'archet qui effleurait les cordes. Son visage était baigné de quiétude et se fixait à certains sons de son chant d'amour. Il était remué par d'inénarrables images. La nuit tombait en accord avec la musique. Une heure durant, Marie resta debout dans la fraîcheur de cette fin d'après-midi, vibrant aux accents de l'instrument. L'humidité du crépuscule ne la dérangeait pas, toute de nature qu'elle était devenue. Elle ne pensait plus, envahie par ces sons qui la menaient hors d'elle-même, plus loin, écartant les frontières. Lorsque la musique cessa, elle resta quelques minutes encore à écouter le silence. La nature avait recommencé à bruisser et c'était la même musique. Marie ne pouvait se résoudre à perdre à jamais l'émotion qu'elle venait de ressentir. Le jeune musicien rangeait son instrument et Marie sortit de son mutisme pour lui demander ce qu'il avait joué. Il s'agissait des *Suites pour violoncelle seul* de Bach. Elle se dépêcha vers un disquaire pour acheter un disque de la troublante musique.

Tout le temps qu'elle mit à rentrer chez elle, Marie s'interrogea. Comment avait-elle pu oublier si facilement la musique ? Elle n'en avait, il est vrai, jamais compris aussi justement la profondeur. Peut-être avait-elle eu besoin de ce silence pour découvrir la beauté de ses accords. La musique avait besoin de place pour s'épanouir. Peut-être n'avait-elle pas alors assez d'espace en elle pour la recevoir.

Rentrée chez elle, Marie plaça le disque sur la platine. Elle déboucha une bouteille de juliénas et but lentement, faisant vivre le vin au rythme de la musique. La liqueur portait en elle la même nostalgie, la même douceur. L'accord était parfait. Elle fit revenir des boudins blancs aux pommes, maniant avec douceur les ustensiles pour ne pas casser la musique. Le fumet envahissait maintenant le salon apportant sa note sucrée à l'ensemble. Tout était harmonie. Lorsqu'elle se coucha, les goûts que son palais avait gardés rappelaient à ses sens la musique. Ses mains se posèrent longuement sur son corps jusqu'à ce qu'il ondulât, ébouriffant les draps.

Le lendemain, Marie sortit ses vieux disques. Elle se souvenait avoir aimé les *Variations Goldberg* de Bach. La version qu'elle possédait était interprétée par Glenn Gould. Elle fut bouleversée par les notes détachées qu'elle entendit. Jamais elle n'avait perçu de cette façon ce disque qui lui avait été offert il y a des années déjà et qui la délassait agréablement auparavant. Elle écouta, figée, la longue mélopée répétitive, avalant de temps à autre un verre du juliénas qu'elle avait ouvert la veille. Le disque terminé, elle le réenclencha, s'attachant aux différents mouvements du chant. Puis, peu à peu, elle se détacha des sons, laissant son esprit s'évader, porté par le rythme. Ses errances reprirent ainsi vie. Le Café des Fleurs était revisité par son âme voyageuse. Elle imaginait la vieille aux Fine 120, des décennies auparavant, jeune amoureuse d'un garçon de café pour lequel elle buvait cinq cafés par jour, en quête d'une parole douce. Elle la voyait, timide et rose, changeant chaque jour de tenue, variant les chapeaux pour surprendre un regard du bien-aimé. Ses parents devaient sans doute l'attendre à seize heures trente et elle s'enfuyait alors, dépitée. Elle avait dû épouser un jeune homme de son rang qui l'ennuyait et souhaitait faire revivre, au soir de sa vie, sa passion stérile. Peut-être même, dans sa sénilité, croyait-elle revoir l'amoureux en la personne du jeune serveur immature. L'homme au gilet canari avait dû être le bien-aimé, inconscient de l'amour à lui porté et éperdu de respect devant cette jeune fille riche. Passant par hasard devant l'église où la belle se mariait, son visage s'était figé en un incompressible rire face à ces époux tristes et l'absurdité de la vie.

Marie était nostalgique de ces vies revisitées. La musique cessa.

Cet après-midi-là, Marie retourna au Café des Fleurs. La vieille dame n'y était plus.

En quittant le café, Marie vit une affiche annonçant les *Suites pour violoncelle.* Le concert avait lieu le lendemain. Marie se rendit au guichet de la salle et acheta une place. Elle prit un fauteuil à l'orchestre.

Marie consacra toute la journée du lendemain à se préparer au moment. La perspective de voir jouer à nouveau ces morceaux la réjouissait. Elle s'habilla avec soin. Elle choisit une robe de soie noire tombant sur ses chevilles. Elle n'avait porté cette robe qu'une seule fois, lors d'un dîner sentimental qui s'était révélé une vraie catastrophe. Elle sourit à son reflet, satisfaite. Ses seins remplissaient maintenant avantageusement le décolleté. Elle se découvrit changée, pleine. Elle laissa couler une goutte de parfum sur son cou et farda ses lèvres d'incarnat.

Elle arriva en avance et but un verre de vin dans un café jouxtant la salle. Beaucoup de monde attendait. Le violoncelliste qui jouait ce soir-là était de renommée internationale. La salle était un ancien théâtre. Du velours rouge s'étendait au sol et sur les marches. La lumière était crue et les dorures délicieusement surannées. Des gens vêtus avec recherche se pressaient vers la salle. Bien qu'il fût élégamment mis, chacun se bousculait pour atteindre son siège. Un homme plongea un œil gourmand dans le décolleté de Marie en répondant aimablement à la jeune femme qui l'accompagnait. Les gens parlaient fort, attentifs à être remarqués. Ils jetaient des regards alentour en quête d'un visage connu. La dame qui prit place à côté d'elle s'était aspergée d'un parfum trop sucré qui l'incommoda.

Lorsqu'un homme en frac s'avança sur la scène, les voix se turent. Il attendit que les derniers chuchotements cessassent et annonça les morceaux qui allaient être joués. Il se retira. Quelques asthmatiques toussèrent et le soliste fit son entrée. La salle applaudit et ce bruit fut désagréable à Marie, trop sonore. L'homme était vieux et sec et Marie eut du mal à se souvenir du jeune musicien entendu trois jours auparavant. Il s'installa à son instrument et Marie ferma les yeux, voulant faire ressusciter la magie. La musique était belle. Très belle. L'homme ne jouait pas depuis dix minutes que déjà des femmes commencèrent à se racler la gorge, à toussoter. Marie rouvrit les yeux. Le soliste était imperturbable, attentif à la seule musique, qui vibrait sur son visage. La dame à ses côtés gigotait sur son fauteuil, semblait ne pas trouver sa place. Et plus elle gesticulait, plus son parfum se diffusait. Marie en avait des haut-le-cœur. Elle referma les yeux pour tenter de se concentrer sur la seule musique. Le premier morceau se terminait et un homme en retard passa devant elle, l'obligeant à se lever pour occuper la place laissée libre à son côté. Il s'excusa à peine. La musique avait repris et Marie s'exaspérait encore de l'outrecuidance du retardataire. Elle tenta de calmer ses pensées vengeresses pour retrouver la musique. Marie ne parvenait plus à s'abstraire de cet environnement hostile. Elle se raisonnait, fermait les yeux, mais rien n'y faisait, la musique n'était maintenant plus qu'un agréable fond musical à ses réflexions. La deuxième partie du concert était consacrée à un compositeur moderne qui la laissa plus que dubitative. Elle n'osait quitter la salle et subit avec ennui ce qui ne constituait pour elle qu'une suite assonante de bruits. Elle fut heureuse de retrouver l'air frais du dehors.

Marie comprit ce soir-là qu'il ne faut pas tenter de faire revivre ce qui a été vécu.

Elle rentra triste.

DIX-HUIT

Le lendemain, Marie descendit à la cave. L'endroit était frais et une suave odeur ancestrale lui faisait écarquiller les narines. C'était l'odeur de la pierre, de la terre. Des ampoules pendaient, nues, du plafond, du toit de la cave. Ce lieu semblait dissocié de l'immeuble du dessus, grotte indépendante. Marie retrouvait toujours cet antre avec un délicieux frisson. Elle imaginait dans les caves voisines des bouteilles, peut-être meilleures, peut-être plus anciennes, recouvertes d'un voile de poussière, semblant nées avec les pierres, communiant avec elles dans ce silence profond. Comment, par quelle alchimie, le vin se nourrissait-il de cette absence pour se bonifier, pour devenir nectar ? Marie caressa ses bouteilles. Elle sentait presque frémir sous ses doigts leur sang rouge.

Elle aimait le contact froid du verre à sa peau. Il lui arrivait de descendre avec verre et tire-bouchon et de déguster ici. Elle s'enfermait alors et s'asseyait à même le sol, appuyée à la porte, pour boire le vin. La sciure la protégeait de la fraîcheur. Le vin qu'elle buvait en cet endroit s'enrichissait d'une curieuse et douce odeur de moisi, de salpêtre.

Elle choisit une bouteille de fleurie qu'elle protégea comme un bébé sur son sein et quitta à regret ce monde souterrain, les mains assombries de poussière.

Elle avait dressé une table de fête. La porcelaine rivalisait d'éclat avec le cristal du verre qu'elle avait choisi. Elle avait disposé sur la nappe des couverts en argent sur le manche desquels des lettres étaient retournées à la mémoire. Elle avait élaboré une intelligente assiette de fromages. Certains avaient laissé perler une goutte d'huile, saisie par la tiédeur du salon. Elle se servit un verre et le sentit, emplissant ses narines du fumet. Elle fit une grimace. Le vin avait une curieuse odeur, il ne dégageait pas le fruité connu. Elle le goûta, perplexe. Le vin n'était pas bon, mais elle ne définissait pas cette âcreté inhabituelle. Elle le fit circuler en bouche et, subitement, elle reconnut l'odeur du bouchon : le vin était bouchonné. Curieusement, Marie n'en fut pas déçue. Cette expérience lui avait permis de comprendre ce que recouvrait la notion. Elle remonta une nouvelle bouteille. Celle-ci dégageait la bonne et saine odeur du raisin.

DIX-NEUF

Marie retrouvait régulièrement le bar du square. Pierre semblait toujours heureux de la voir et sa bonne humeur se communiquait immanquablement à Marie. Le patron, maintenant, la caressait quelquefois d'un compliment sur sa coiffure, son teint, sa tenue. Marie baissait alors les yeux et ses joues s'empourpraient. Monsieur André était toujours témoin muet et souriant. Il buvait alors une gorgée de vin, satisfait.

Un jour qu'un client de passage commençait à plaisanter « le joli petit bout de femme échoué ici », Pierre ordonna vertement à l'inconnu de quitter l'endroit. L'homme s'étonna d'abord mais le regard sévère du patron l'incita vite à la fuite. Marie, reconnaissante et gênée, plongea dans son verre.

Elle ne vit pas le regard protecteur dont Pierre l'enceint dès que l'homme eut quitté le café.

Lorsqu'elle quittait le bar du square, Marie était toujours pleine de la bonté qui émanait de l'endroit. Elle rentrait à pied et, souvent, prolongeait son trajet de détours sans autre but que de partager avec son entourage les sourires qui l'envahissaient. La pierre des immeubles était plus rose, le pavé plus tendre, les ombres se faisaient amies.

Marie, maintenant, dans les cafés qu'elle fréquentait, choisissait une table jouxtant celle occupée par deux personnes au moins. Elle aimait écouter les discussions de ses voisins. Il arrivait que ceux-ci se levassent peu après son arrivée. Elle ne buvait alors qu'un seul verre de vin et changeait de lieu. Aucune discussion n'était sans intérêt à ses yeux. Les propos échangés sur l'air du temps la nourrissaient. Elle était parfois témoin indifférent de drames. Des déchirements, des douleurs, des larmes. Mais ces voisins-là ne restaient jamais longtemps, fuyant le lieu pour communier avec la solitude profonde qui les étreignait alors. Les débats animés la réjouissaient. Elle prenait alors mentalement fait et cause pour une idée, qu'elle trouvait juste ou bien énoncée. La transparence, devenue son costume naturel, la dissimulait aux bavards. Cette dame absente ne troublait nullement les discussions les plus intimes. Les évocations du quotidien étaient les préférées de Marie. Elle aimait entendre narrer la journée d'une caissière ou d'une femme amoureuse. Elle prenait place, alors, dans cette vie entrevue.

Quelquefois, elle répondait intérieurement aux questions posées à son vis-à-vis par un voisin de table, poursuivant une discussion imaginaire. Les réponses lui étaient toujours faciles.

À la question « Qu'as-tu fait aujourd'hui ? » elle se remémorait sa journée, s'adressant à un mystérieux interlocuteur. « Penses-tu que cette coiffure me va ? » Elle considérait alors celle qui avait parlé et jugeait son élégance. « Aimes-tu les tripes, la vodka, le chou-fleur ? Préfères-tu le bordeaux au bourgogne ? » Elle se formulait alors ses goûts redécouvrant en pensées les saveurs.

Un jour, un jeune homme attablé avec celui qui devait être un collègue de bureau lui demanda « Quels sont tes projets ? ». L'homme face à lui répondit spontanément et Marie s'absorba d'elle-même. Cette question, banale, interloqua Marie. Elle ne sut que répondre. Non, elle n'avait pas de projets. Elle avait des désirs, des envies mais nul projet. On peut avoir des projets de mariage, de vacances, mais pas de projet de vie, pensait-elle. Qu'est-ce que cela pouvait signifier ? Une vie n'était pas inscrite dans un schéma longuement préparé. Et puis le désir, lorsqu'il se formulait, devait être réalisé alors. Tant d'aléas pouvaient remettre en cause une construction solidement bâtie. L'évolution d'une vie se fait de rencontres, de paysages entrevus. Lorsqu'elle-même avait enfin fait le choix de son existence, nul projet n'avait précédé sa décision et nul projet ne s'était élaboré à partir de celle-ci. Comment aurait-elle même pu projeter, à ce moment, ce qu'elle vivrait aujourd'hui ? Tout avait résulté d'un choix, certes, puis de désirs, d'envies, de besoins sûrement. Le projet est bien trop éphémère pour présider à une existence.

Marie en était là de ses réflexions lorsque les deux hommes se levèrent. Le bar était silencieux. Elle finit son verre et s'en fut.

Les rencontres qu'elle faisait peuplaient sa solitude. Elle se découvrait interlocutrice mystérieuse et changeante de compagnons ignorant jusqu'à sa présence, toute de transparence. Elle se découvrit ainsi, au fil de discussions volées, l'amoureuse indulgente, la copine de lycée, la collègue de bureau, la mère abusive, l'amie hypocrite.

Marie tentait parfois de s'assimiler totalement à l'une des personnes discutant, de se fondre en elle. Elle l'observait un temps, l'écoutait, puis s'abstrayait dans cette ludique partie. Elle s'ingéniait peu à peu à deviner les réponses, se créant double imaginaire de l'inconnu qu'elle apprivoisait. Elle s'attachait alors à les formuler en même temps, au mot près. Le jeu était difficile mais Marie, avec l'entraînement, parvint à s'approcher au plus près de la personnalité de celui ou de celle qu'elle avait décidé de remplacer. Marie alors corsait la partie. Elle faisait mentalement imprimer à son visage, à son corps, ses expressions. Il arrivait que, particulièrement concentrée, son visage s'animât et ses lèvres bougeassent. Des buveurs alentour la regardaient alors, amusés de ce qu'ils pensaient être un soliloque intérieur. Elle s'en apercevait et baissait les yeux, rougissant de s'être par trop laissée aller.

VINGT

Marie, lorsqu'elle se retrouvait chez elle, ne pouvait rester sans musique comme elle ne pouvait passer une journée sans avoir goûté au vin. Elle aimait Bach par-dessus tout. S'étant fait conseiller par un vendeur, elle avait augmenté ses plaisirs d'un certain nombre de morceaux du compositeur. Son humeur du moment était à *la Passion selon saint Matthieu.* Elle en possédait deux versions mais sa préférée était sans conteste celle, dépouillée, de Gustav Leonhardt. La pureté des sons qui en émanaient la bouleversait. Il lui semblait que les notes étaient suspendues entre ombre et lumière, que le compositeur s'approchait inéluctablement d'une vérité ultime mais dont la réalité se couvrait d'évanescence. Un regard trop appuyé, un geste trop leste, une note trop longue anéantiraient cet édifice d'air. Elle fredonnait souvent, attentive, le verre à la main, marchant d'un bout à l'autre de son appartement. Cette musique s'écoutait debout, les sens en éveil. Il y avait une telle perfection dans l'épurement de la musique qu'elle provoquait presque une frustration. Cette musique avait besoin de puissance et Marie réglait le son assez fort. Quelquefois, des voisins frappaient quelques coups qui résonnaient au plafond. L'agacement passé, elle éprouvait presque un apaisement, la musique baissée, d'avoir à se libérer de l'envoûtement. La fatigue la prenait alors subitement, comme après une extrême tension nerveuse.

Un jour que Marie était assise, seule, au fond d'un petit estaminet, un accordéoniste fit son apparition et entonna de vieux airs populaires. Marie se surprit à battre la mesure, tentant de retrouver la rime. Elle n'avait jamais été émue par ces histoires, souvent pathétiques, de l'entre-deux-guerres. Mais cette fois, était-ce la lascivité de l'endroit ou une réceptivité accrue de ses sens ? elle aima profondément les sons coulés de l'accordéon. Ils s'accordaient parfaitement à ses émotions, ses sentiments. Ils lui semblèrent paroles de son corps muet. Le café était peu peuplé en fin d'après-midi et la musique s'épanouissait maintenant.

Marie ne sut si la nostalgie qui l'envahissait était révélée par la musique ou si elle était, au contraire, provoquée par elle. Le vin qu'elle but lui fut consolateur.

Lorsqu'elle quitta le café, Marie se laissa gagner par la tiédeur de l'air. Ce qu'elle avait entendu et la nonchalance alentour lui donnaient l'envie de flâner ; de se laisser guider par le sentiment de légèreté qui la submergeait.

La vitrine d'un magasin lui renvoya son image. Elle s'arrêta, attentive. Ses vêtements étaient légers. Elle ébouriffa ses cheveux et elle constata que ceux-ci n'avaient décidément plus aucune forme, masse pileuse.

Elle poussa la porte d'un salon de coiffure, premier rencontré sur son chemin. Le lieu était chirurgical et sentait la laque. Les clientes parlaient fort. Certaines avaient un œil inspecteur rivé sur le miroir qui leur faisait face, interrogeant l'homme qui maniait le ciseau, suggérant le compliment.

Une dame l'installa, dans l'attente. Des magazines étaient posés en une pile désordonnée à ses côtés. Elle s'empara machinalement de l'un d'eux. Elle avait oublié ce contact. Le papier glacé étalait des titres accrocheurs. Le destin d'une princesse malheureuse, la nouvelle liaison d'une chanteuse oubliée, le drame professionnel d'un jeune animateur de télévision. Marie avait oublié l'existence de ces figures souriant artificiellement à un objectif trop présent. Elle découvrait des visages inconnus, posant en famille sur fond de jardin coquet ou avec une jeune personne plus ignorée encore, sur une plage de sable fin. Des photos, floues celles-là, surprenaient un baiser, une étreinte. Tout cela lui semblait à mille lieues de ce qu'elle vivait, le récit troublant d'une communauté mystérieuse.

La shampouineuse vint la chercher, souriante. Elle abandonna sans grand regret les magazines et se laissa nouer un grand boubou blanc autour du cou. Elle s'installa, suivant les consignes débitées d'une voix monocorde. La jeune fille s'empara de sa tête et l'eau qui coulait dans son cou était tiède. Sa tête était agréablement massée par cet automate qui ne faisait aucun cas d'elle. Toute l'activité consciente de la jeune femme consistait à se faire rassurer par sa collègue sur l'étendue de l'amour que lui portait un certain Julien. Marie avait fermé les yeux et se laissait aller au bien-être que lui procurait le contact de cette main. C'est avec regret qu'elle redressa la tête et cette nouvelle sensation de la serviette frottée était bien moins agréable. La shampouineuse l'invita à attendre encore. Ses cheveux mouillés lui procuraient de légers frissons entre les épaules et le cou. Un grand garçon efféminé vint à elle et lui proposa de le suivre. Son sourire était de mise et son pantalon trop large. Lorsqu'elle fut installée, il lui passa les doigts dans les cheveux. Quelle coiffure souhaitait-elle ? un simple rafraîchissement ? les cheveux courts, frisés ? Son visage dut paraître dubitatif car, immédiatement, l'homme lui suggéra une coupe courte, à la garçonne. Il décrivait avec moult gestes et détails que cela la rajeunirait, l'embellirait, irait mieux à son teint, à son visage, bref, qu'elle avait l'air d'une godiche avec ses cheveux longs.

Marie se laissa faire. Les gestes du coiffeur étaient assurés et elle observait les phases de la métamorphose. Le jeune glabre, entre deux lieux communs sur le temps, la mode, se regardait bouger dans le miroir, d'un œil satisfait, ramenant vers l'arrière une longue mèche qui lui couvrait le front. Sa voix était fortement accentuée et il avait des mimiques de précieuse. Marie avait envie de rire. Les lourdes mèches de ses cheveux tombaient. Marie sentait son cou mis à nu. Le coiffeur termina son emploi en lui effilant quelques mèches sur les tempes.

Marie sourit. Elle aima immédiatement son nouveau visage.

Elle resta de longues minutes plantée devant le large miroir, osant à peine bouger, tentant de s'apprivoiser.

Son regard était doux. Le grand garçon l'avait abandonnée pour une cliente plus loquace. Peu à peu son visage s'animait, elle haussait les sourcils, clignait des yeux, imprimait de curieuses mimiques à sa bouche élastique. Elle se découvrait et s'aimait. Elle devenait papillon.

Marie jeta un dernier regard sur les longues mèches qui jonchaient le sol, se sourit résolument. Elle sortit un bâton de rouge de son sac et se pencha vers le miroir pour appliquer consciencieusement la pâte orangée.

Lorsqu'elle sortit du salon, Marie sentit l'air envelopper sa nuque. Elle se sentait plus légère, comme libérée d'un poids inutile. Elle s'installa à la terrasse d'une brasserie et se laissa éblouir par le soleil. Elle promenait de temps en temps une main dans ses cheveux, appréciant le dru sous ses doigts.

VINGT ET UN

Le lendemain, Marie eut envie de juger de l'effet de son nouveau visage. Elle enfila un tailleur clair et un corsage léger. Le ciel était doux. Elle marcha lentement, consciente de tout son corps, vers le bar du square. Elle posa un sourire sur ses lèvres et poussa la porte. Pierre émit un petit sifflement flatteur. Elle baissa les yeux mais ne rougit pas, cette fois.

Elle s'assit, comme à son habitude, à la petite table jouxtant le bar. Il n'y avait aujourd'hui que deux personnes qui plaisantaient, accoudées au comptoir. Monsieur André trônait, installé proche d'elle. Pierre regardait Marie avec plus d'insistance, pour mieux comprendre son nouveau visage. Il souriait toujours lorsqu'il lui porta un verre de brouilly. Marie avait plus que jamais besoin de sentir la chaleur du liquide pour s'affronter. Elle but le vin d'un trait. Monsieur André l'observait, songeur. Pierre lui servit un autre verre. André appela le patron et sa bouteille et lui ordonna d'un sourire de lui laisser le flacon entamé.

Le vieil homme se leva, son verre dans une main, le goulot de la bouteille enserré dans l'autre. Marie sortit de ses rêveries pour assister à cette conduite inhabituelle. Les gestes du vieux étaient lents, solennels. La surprise de Marie augmenta encore lorsqu'elle vit celui-ci venir vers elle, s'approcher inexorablement. Elle n'eut pas peur. Elle n'en fut non plus gênée, tout observatrice qu'elle était, non concernée.

Monsieur André, sans un mot, s'assit à la table. Ils se regardèrent longuement, étonnés l'un l'autre de se retrouver face à face, mais s'étant habitués à la présence de l'autre, à sa proximité. Lorsqu'ils se furent apprivoisés du regard, l'ancêtre commença à parler. Doucement, comme une vieille machine enrayée.

« Vous avez compris beaucoup de choses, Marie. »

Qu'il l'appelle par son prénom ne la surprit pas, comme s'ils avaient eu le temps de se connaître, de s'apprendre. Monsieur André continua.

« Vous avez appris le goût du vin qui n'enivre pas, sinon de cette ivresse douce et légère. Vous avez compris la saveur des choses et leur prix. Vous avez su choisir votre destin. Vous avez appris à aimer. Vous avez découvert doucement, sans précipitation, les mille et une saveurs de votre existence. Vous avez appris à vous nourrir tout entière, peut-être à vous suffire à vous-même. Tout cela se lit en vous. Vous avez aimé regarder, comprendre, découvrir. Vous avez appris la distance. Vous avez pressenti les ineffables différences qui éloignent les êtres, qui peuvent aussi les rapprocher. »

Marie et Monsieur André confondaient leurs yeux. Elle seule pouvait entendre les paroles du vieil homme. Au bar, Pierre et les deux hommes respectaient cette intimité déconcertante. Ils poursuivaient une conversation animée, mais chacun comprenait que ce rapprochement portait en lui une extrême gravité et les discussions étaient décousues.

Le vieux avait rempli le verre de Marie.

« Vous avez compris le vin et la formidable richesse qu'il porte en lui.

» Mais il est un élément qu'il vous reste à apprendre et il n'est pas des moindres : le vin ne développe toutes ses saveurs qu'avec la convivialité, il n'est pas entier sans la fraternisation qu'il porte en lui et qu'il exalte. »

Monsieur André prit son verre entre ses doigts noueux et l'approcha de celui de Marie jusqu'à ce qu'un léger choc aigu se fasse entendre.

« Écoutez ce son, entendez-le s'envoler, se disperser. Le vin doit réjouir chacun des sens. Vous ne buvez pas, j'en suis sûr, sans avoir regardé la couleur du breuvage. Vous contentez vos yeux d'un grenat inimitable. Vous caressez votre verre, parfait objet de désir. Ce n'est pas alors le verre froid que vous sentez sous vos doigts, mais le velours du liquide. Vous appréciez le toucher. Et avant de nourrir votre palais, de laisser s'épandre le goût, vous humez les effluves qui s'en dégagent, pressentez les saveurs ; votre odorat s'enivre. »

Monsieur André fit à nouveau tinter son verre contre celui de Marie. Spontanément, elle le porta à ses lèvres.

« Vous avez maintenant réjoui vos oreilles. »

Marie but une longue gorgée de vin. Le vieux reprit.

« Le vin est indissociable de la convivialité et, à beaucoup d'égards, il lui ressemble. Tout dans le vin s'apparente à l'affection, à la fraternité.

» La vigne, pour enrichir son grain, doit longuement se nourrir de la terre, du soleil et de l'eau. Avec l'air qui la caresse, tout l'univers s'offre ainsi au mûrissement. Une fraternisation a, elle aussi, besoin de cette richesse dont chacun s'est nourri pour apporter à l'autre, pour échanger et recevoir le fruit de ces expériences. Et les éléments qui font le bon vin résultent de l'apprentissage mais aussi du hasard, d'une harmonie curieuse en un endroit, à un moment. La rencontre résulte de cette même alchimie, est due à ce même hasard du chemin. Il faut alors travailler le raisin, en faire ressortir le jus et ce travail doit être réfléchi, sans erreur, pour que le vin donne tout ce qu'il porte en lui. La fraternisation suit cette règle. C'est, en effet, un travail qui, pour être agréable, n'en est pas moins ardu, délicat. Et puis le vin doit vieillir pour arriver à maturité, dans un climat reposant et doux. Il doit laisser se développer en lui l'alcool, les saveurs, la couleur. Découvrir un être ne suffit évidemment pas. L'amitié en germe doit en effet se déployer, prendre peu à peu forme, s'épandre. Il faut aussi apprendre le langage de l'autre et tenter de transmettre le sien propre. Il faut alors beaucoup de patience. Il faut laisser le temps faire son travail. Quelquefois, le fût est mauvais, le raisin mal travaillé, cueilli trop tôt ou trop tard. Le vin alors est mauvais et ne sera pas bu. C'est un écueil qui menace aussi l'amitié, mais chacun en a tiré alors les leçons pour les prochaines vendanges. Mais souvent il porte en lui son délicieux enivrement, des saveurs attendues ou insoupçonnées, une richesse qui le rendra unique, différent de tout autre. Il pourra alors être longtemps conservé. Il se bonifiera d'année en année, développant de nouvelles saveurs, de nouveaux mystères. La fraternité alors découverte sera source des plus divins plaisirs, issue de cette curieuse et douce alchimie. Et lorsque vous trinquerez, vous percevrez la résonance de cette maturité prometteuse. Le vin que vous boirez sera peut-être moins savoureux que d'autres que vous avez bus seule, mais vous le trouverez gouleyant parce qu'il sera partagé. Et cette fraternité donne du goût au vin, fait de lui un trait d'union incroyablement réjouissant. Et lorsque vous déboucherez une bonne bouteille, le plaisir que vous prendrez, vous ressentirez le besoin de le partager. Vous dégusterez ensemble et en silence et apprendrez le réjouissant bonheur de percevoir au même moment les mêmes délices. Et cela il vous reste à l'apprendre, sinon vous ne comprendrez jamais le vin ! »

Monsieur André avait parlé avec douceur et passion. Ses yeux étaient plongés dans ceux de Marie, comme s'il cherchait au fond d'elle les mots justes. Marie avait peu bu. Elle avait écouté, bouleversée, les paroles du vieil homme.

Lorsqu'il eut terminé, il fit sonner son verre contre celui de Marie et se leva pour rejoindre sa table. Il ne la regardait plus et avait simplement laissé un sourire flotter sur ses lèvres.

Marie finit son verre, émue, et se sauva vers la solitude qu'elle avait choisie, sans un mot. Elle oublia de payer.

La nuit était tombée et elle marcha sans but, errante, avant de rentrer chez elle. Les paroles de Monsieur André résonnaient en elle comme une porte fermée avec violence.

Tout autour d'elle semblait la rappeler à la solitude qu'elle avait aimée. Les ombres croisées restaient dans la pénombre, les portes des immeubles renfermaient une vie par trop lointaine, les phares des voitures cachaient leurs passagers.

VINGT-DEUX

Arrivée à son immeuble, son épaule appuya sur la porte qui lui sembla plus lourde encore à céder sous sa poussée. Avant de monter à son appartement, Marie descendit à la cave pour retrouver la communion qu'elle y avait découverte. La lumière était crue et le silence hostile. Elle se pencha vers les vins adorés mais aucun ne voulut lui apporter la sollicitude qu'elle espérait d'eux, le réconfort et la compassion. Elle caressa les bouteilles, appelant leur aide. Elle ne rencontra qu'un froid contact sous ses doigts. Elle voulait se réjouir mais la salive n'affleurait pas à son palais, lui refusait ce moment délectable du désir et de l'attente réunis. Elle suppliait du regard les bouteilles, les murs et l'atmosphère, en quête d'un souhait inexprimé. Ses mains caressaient avec nostalgie les murs et le métal, le vin et la pierre. Ses pensées l'abandonnaient, errantes et infidèles. Son regard s'arrêta sur sa main qui s'était attardée, caressante, sur les papiers jaunis, épinglés sur la porte. Un sourire triste l'envahit en relisant, doucement, les mots de Pierre. « 6 bouteilles de moulin-à-vent 1989, offert. » Ses yeux cherchèrent le cru.

Il en restait une bouteille, isolée sur un étage du rayonnage. Elle la tira délicatement et l'observa de longues secondes. Ce breuvage seul l'émut. Elle était envahie par une ivresse inconnue. Le vin qu'elle n'avait pas bu était triste. Elle referma derrière elle la porte de la cave qui lui semblait porteuse d'une immense lâcheté.

De retour chez elle, Marie déboucha avec lenteur la bouteille élue. Elle confronta les verres. Le cristal épanoui invoquait la joie. Un verre ballon lui parut plus juste. Elle versa le liquide, s'enquit de ses arômes, de sa couleur, de sa quiétude. Le vin était amour, mais elle n'avait rien à donner. Ce sentiment d'abattement qui l'envahissait la révolta. Elle redressa la tête, résolue à oublier la funeste discussion, décidée à retrouver cette paix solitaire qui s'était lentement installée en elle. Elle voulait maîtriser son sort. Elle voulait vivre *son* vin, celui qui l'avait menée à cette paisible sérénité, et non cette autre liqueur dont Monsieur André avait trop bien parlé. Elle avala une profonde lampée du liquide sans lui laisser la joie de s'épanouir, castratrice, reine froide et implacable. Un curieux duel s'installa entre le vin et elle. Il se voulait doux, elle se montrait dure. Il la caressait, elle se dérobait. Le vin peu à peu gagnait du terrain ; contre sa volonté, il s'emparait de ses sens, insidieusement. Il souriait à ses silences. Il faisait mine de se laisser dompter, mater, dominer puis s'épandait, s'insinuait en elle. La joute se prolongeait. L'adversaire était difficile, de certitudes. La bouteille se vidait. Marie croyait à sa victoire. Elle tentait de faire naître à nouveau à ses lèvres le sourire qui l'illuminait hier. Elle se servit un septième verre, celui qui devait consacrer ses certitudes. Il restait dans le récipient quelques centimètres de liquide. Le verre à la bouche, elle hésita puis l'éloigna de ses lèvres. Son assurance la quittait. Le vin s'était peu à peu emparé de ses pensées. Des paroles amicales chantaient à ses oreilles. Des visages fraternels dansaient autour du vin. Ses yeux parcoururent presque inconsciemment les lignes figurant sur l'étiquette de la bouteille. Le papier griffonné punaisé à la cave fut sa dernière pensée. Elle reposa son verre sur la table. Elle prit une profonde inspiration et, d'un pas lourd, s'en alla vers l'étagère bleu ciel. Elle resta debout, dubitative, quelques secondes encore puis, enfin consentante, elle s'empara d'un deuxième verre. Elle le caressa doucement, le posa sur la table à côté du sien encore plein. Sa défaite était consommée et c'est presque avec soulagement qu'elle vida la bouteille dans celui-ci. Elle porta son verre à cette autre transparence rouge. Une musique légère, très légère, s'échappa de cette union. Le combat était terminé, l'avait laissée vaincue. Elle but lentement son verre et il était sucré.

Lorsqu'elle se réveilla d'une nuit sans rêve, elle sourit au verre plein qui fraternisait avec le sien, vide.

VINGT-TROIS

Toute la journée qu'elle passa chez elle, Marie écouta les *Suites pour violoncelle seul*. Une troublante quiétude l'envahit dès les premières notes. Elle se sentait en harmonie, récipiendaire. Elle écoutait, conjuguant son âme à cette musique de la compassion. Nulle pensée ne la troublait. Elle subissait avec bonheur l'étrange mue que la musique exaltait. Lorsque, pour la troisième fois, le disque s'acheva, elle se remplit du silence et prit deux verres qu'elle posa devant elle. Elle fit naître une bouteille de saint-amour et emplit les coupes. Elle réenclencha le disque en attente. Les premières notes l'émurent plus que jamais. À la fin de la première *Suite*, lorsque le silence s'installa à nouveau, spontanément elle fit entendre une note inhabituelle et juste. Les deux verres s'étaient entrechoqués. Elle avait accompagné le geste d'un « Santé bonheur ! » prononcé d'une voix déterminée.

Le lendemain, Marie voulut revoir la vieille cartomancienne. Elle mesurait aujourd'hui l'affection qui avait existé entre elles. Le désir qui la portait vers elle était confus. Elle désirait juste la voir, échanger peut-être un sourire, poser son verre contre le sien. Lorsqu'elle pénétra dans le café où elle avait l'habitude de la retrouver, la table qu'elle occupait ordinairement était vide. Marie hésita à l'entrée de la salle, envahie d'une solitude de regrets. Puis elle se dirigea d'un pas lent vers cette table, *sa* table, en quête d'un futile rapprochement. Le verre que le serveur lui porta était fade et Marie le but avec amertume. Elle ressentit alors le poids d'un immense échec. Des pensées désabusées s'imposaient à elle. Elle sentait que le fragile édifice qu'elle avait mis des mois à bâtir s'effondrait soudain sous ses pieds. Au moment où elle posait les dernières cartes formant triangle au sommet de la tour, le château s'abattait d'un souffle. Elle percevait que sa solitude déterminée avait été une épreuve riche d'enseignements, avait été nécessaire et bienfaisante. Mais elle n'était que le chemin, le parcours initiatique vers une autre découverte, plus grande celle-là, plus offrante. Elle avait pressenti la profondeur des paroles de Monsieur André, les avait acceptées. Elle commençait à croire et à avoir besoin de cette fraternisation qu'il chantait. Et là, dans ce café anonyme, elle comprit que personne ne l'attendait dans cette fratrie, et la solitude qu'elle ressentit l'accablait maintenant comme une fatalité.

Elle avait voulu donner et personne n'attendait son don. Elle avait eu besoin de recevoir mais nul ne semblait vouloir de ce partage.

Les dernières heures qu'elle avait vécues lui parurent une immense mascarade et elle ressentit cruellement la désillusion du bonheur entrevu. Une porte avait été entrouverte et s'était refermée, la condamnant à regarder par le trou de la serrure.

Elle allait partir, tenter de retrouver des plaisirs incomplets. Elle demanda d'une voix sourde sa note. Le serveur, sans un mot, la lui apporta dans une petite coupelle de plastique d'un marron triste.

Trois cartes à jouer en dépassaient. L'air envahit ses poumons. Elle reconnut les cartes usées de la vieille devine. Elle s'en empara fébrilement et avant même de les découvrir, les serra dans un geste naïf contre son cœur. Elle retourna la première carte. As de cœur. Sur le blanc jauni, la vieille avait écrit au crayon noir sa signification. C'était la carte de la convivialité. La seconde était le neuf de trèfle, la carte de la sérénité, la dernière affichait un homme au regard doux, le roi de cœur. C'était l'homme aimant.

Des larmes coulaient maintenant sur les joues de Marie et glissaient autour des fossettes que creusait un sourire. Sa langue s'évada pour aller chercher une des gouttes salées. Cette saveur retrouvée portait en elle une litanie d'émotions tendres.

La vie, avait-elle dit à un interlocuteur absent, est faite de rencontres et de paysages entrevus.

Une réjouissante confiance s'était emparée d'elle.

Elle marcha longuement, légère. Une pluie fine avait rendu les trottoirs argentés. Son visage tendu vers le ciel était parsemé de petites gouttelettes. Marie levait les yeux, curieuse, vers des fenêtres éclairées apercevant une table dressée ou une bibliothèque. Elle s'inventait les visages et la silhouette de celui qui avait choisi ce lustre baroque ou de celle qui avait senti ce bouquet. Un homme, à son passage, s'écarta, confus, d'une poubelle dans laquelle ses mains étaient plongées. Il était vieux et honteux. Marie s'approcha et lui tendit un billet avec un sourire tendre qui désamorça ses velléités de refus. Le visage de l'homme s'éclaira lentement et il lui prit la main pour y poser un baiser de galant. Il lui fit un clin d'œil complice et s'en fut. La reconnaissance de l'un était celle de l'autre.

Il était tard lorsque Marie rentra chez elle. Quand elle pénétra dans l'appartement, elle sentit sous son pied un papier. Elle le ramassa à tâtons et, lorsqu'elle alluma, découvrit une enveloppe sur laquelle était simplement inscrit son prénom. Elle reconnut immédiatement l'écriture qui avait guidé ses dégustations.

Un sourire évident l'éclaira. Elle déchira délicatement l'enveloppe. Un papier blanc y était glissé contenant une maladroite invitation à dîner.

VINGT-QUATRE

Mercredi 7 septembre.

Le sourire de Marie n'a pas quitté ses lèvres et c'est avec bonheur qu'elle le retrouve à son réveil. Elle préfère aujourd'hui une douche à un bain. Elle maquille juste ses lèvres, en dessinant les contours. Elle laisse couler une robe fleurie sur sa peau. Elle caresse longuement une bouteille de chénas avant de la déboucher lentement, très lentement. Marie se verse un verre. Le papier est sur la table. Elle respire profondément. Plus une hésitation ne la trouble.

Vendredi 9 septembre.

Le téléphone de Marie sera rebranché demain.

Pierre a reçu une lettre de Marie. Il l'attendra dimanche, à vingt heures.

Le cherche midi éditeur tient à remercier
la société Bouvet-Ladubay et l'organisation
des Journées du Livre et du Vin de Saumur,
où l'idée de composer une musique originale
pour un roman est née.

DANS LA COLLECTION « ROMAN »
AU CHERCHE MIDI ÉDITEUR

CHARLES AZNAVOUR ET RICHARD BALDUCCI
La Balade espagnole

CHRISTIANE DUPUY
Le Petit-fils de Lafcadio

JEAN GRANGEOT
La Perle rouge

CHANTAL PELLETIER
Le Squatt

BORIS SCHREIBER
Un silence d'environ une demi-heure
Prix Renaudot, 1996

JOËL SERIA
Sombres Fantômes

FRANÇOIS THIBAUX
Notre-Dame des Ombres
Prix Paul-Léautaud, 1997

JEAN-MAX TIXIER
Le Jardin d'argile

VIVIANE VILLAMONT
Une femme irréprochable

DANIEL ZIMMERMANN
L'Anus du monde
Le Gogol

AHMED ZITOUNI
Une difficile fin de moi

Composition - Mise en pages
DV Arts Graphiques à Chartres

Imprimé en France par la Société Nouvelle Firmin-Didot
Dépôt légal : mars 1998
N° d'édition : 583 - N° d'impression : 42120
ISBN : 2-86274-583-9